金融的奥秘

曾康霖 / 著

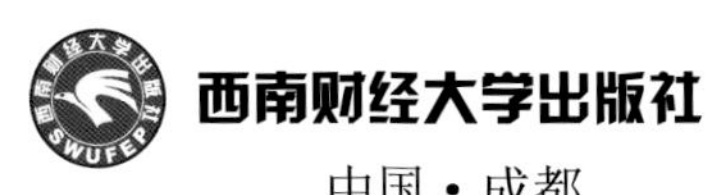

中国·成都

图书在版编目(CIP)数据

金融的奥秘/曾康霖著.--成都:西南财经大学出版社,2025.5.--ISBN 978-7-5504-6680-7

Ⅰ.F832

中国国家版本馆 CIP 数据核字第 20253XH862 号

金融的奥秘

JINRONG DE AOMI

曾康霖　著

责任编辑:廖　韧
责任校对:赵姝婷
封面设计:墨创文化
责任印制:朱曼丽

出版发行	西南财经大学出版社(四川省成都市光华村街 55 号)
网　　址	http://cbs.swufe.edu.cn
电子邮件	bookcj@swufe.edu.cn
邮政编码	610074
电　　话	028-87353785
照　　排	四川胜翔数码印务设计有限公司
印　　刷	成都市金雅迪彩色印刷有限公司
成品尺寸	185 mm×260 mm
印　　张	17.25
彩　　插	6 页
字　　数	168 千字
版　　次	2025 年 5 月第 1 版
印　　次	2025 年 5 月第 1 次印刷
书　　号	ISBN 978-7-5504-6680-7
定　　价	98.00 元

风风雨雨九十载
呕心沥血育英才

天开地辟人才出 风起云飞汗竹香

宋·熊禾《送洛阳靳都事》

风声　雨声　读書声　声声入耳　　明·顧宪成
家事　国事　天下事　事事关心　　書院门联

序言

本书名为《金融的奥秘》，之所以这样命名，主要是因为金融在国民经济中的地位和作用，已经在产生变化，它正在推动金融业的改革和发展。

习近平总书记早在几年前就指出，“金融是实体经济的血脉，为实体经济服务是金融的天职，是金融的宗旨”，“金融要把为实体经济服务作为出发点和落脚点，全面提升服务效率和水平”。

回归本源，推动经济社会高质量发展

第一，金融为科技创新提供了新引擎。党的十八大以来，银行大幅增加对先进制造业、战略性新兴产业的中长期资金支持，这些银行约占大型金融机构的1/3。资金的注入，有效地促进了科技创新蓬勃发展。与此同时，中国人民银行通过优惠利率和科技创新再贷款加大了对企业的支持力度，尤其是支持专精特新中小企业发展。第二，金融为绿色低碳发展提供了新动力。各类金融机构持续提供绿色贷款、绿色基金、绿色信托等服务，并开始开发绿色低碳主题的金融产品，这推动了绿色金融的发展。第三，金融为中小微企业的生存和发展提供了助力。我国金融机构为中小微企业提供了大量普惠小微贷款，解决了中小微企业融资难、融资贵的问题，为其融资开通了一条方便的途径。

开拓创新，加快建设现代金融体系步伐

结合中国的实际，中国应建立什么样的金融体系，这是一个值得研究且需要研究的课题。从推动经济社会高质量发展这个角度来看，我们应当直面中国的实际情况：中国人口多、就业岗位需求大。要完善就业保障体系，我们还有很多工作要做，首先要做的就是妥善解决收入分配的问题。概括地说，在收入分配方面，我们要构建初次分配、再分配、第三次分配协调配套的制度体系，完善税收等再分配调节机制，推动慈善事业快速发展。

我国建立完善的就业保障体系，离不开中国特色现代金融体系的支持。

习近平总书记指出，构建中国特色现代金融体系需要在金融领域建立“六大体系”，即金融调控体系、金融市场体系、金融机构体系、金融监管体系、金融产品和服务体系、金融基础设施体系。

这“六大体系”，互相联系、互为支撑，体现了金融为经济社会发展提供高质量服务的内在要求。构建这“六大体系”，是我国发展成为金融强国的必经之路。

金融改革全面深化

2024年1月16日，习近平总书记在省部级主要领导干部推动金融高质量发展专题研讨班开班式上发表重要讲话，深刻阐释了金融强国的丰富内涵，明确了坚定不移走中国特色金融发展之路的方向，发出了推动金融高质量发展的强音。习近平总书记在讲话中指出，党的十八大以来，我们积极探索新时代金融发展规律，不断加深对中国特色社会主义金融本质的认识，不断推进金融理论创新、实践创新、制度创新，积累了宝贵经验，逐步走出一条中国特色金融发展之路，明确了新时代新征程金融工作怎么看、怎么干。习近平总书记强调，中国特色金融发展之路既遵循现代金融发展的客观规律，更具有适合我国国情的鲜明特色。

建设金融强国要从哪些方面发力？习近平总书记鲜明地提出了“六个强大”，指明了我国建设金融强国的实践路径。“六个强大”即强大的货币、强大的中央银行、强大的金融机构、强大的国际金融中心、强大的金融监管、强大的金融人才队伍。其中，打造强大的金融人才队伍，要有战略目光，要有气魄，要有特色，要站在前沿。总之，金融人才队伍的培养，除了充分依靠学校外，金融机构本身要自立、自主、自强，要与相关部门配合，要培育相关资源，要适应周围环境的变化，特别是要关注国内外前沿业务的变化。

在《金融强国理论与实践》中，笔者曾专章论述过“国家之内的竞争主要是金融竞争”“金融强国的真实意义在于金融安全”。本书则剖析了银行业引进外资与金融安全的问题，因为这也是金融在国民经济中的地位和作用变化的重要内容。

理论界关于银行业对外开放和金融安全问题的讨论，从总体上看是好的，但部分言论尚有不足：一是带有感情色彩，以感性代替了理性；二是割裂历史，不考究当前银行业改革及对外开放的历史必然性；三是以偏概全，以某些技术上尚待完善的改革方案设计来否定改革的全部；四是忽视了国别差异对银行业对外开放结果的影响，仅以拉美或中东欧部分国家的经验为样板。笔者认为，对待这个问题，不但要评判是非，更要权衡利弊；在“破”的同时，更要建设性地

"立"，以切实可行的方案来优化改革。

笔者几十年来持续对金融领域进行研究，本书收录了笔者二十多年来的部分研究成果，是笔者对中国金融问题的思考。在建设金融强国的背景下，相信本书能给读者以启发。

曹康霖

2025年1月

目录

导论　经济与金融的关系概述

经济与金融的关系在教科书中通常被表述为经济决定金融，金融反作用于经济。我们要梳理这种作用与反作用的关系，并根据时代的发展赋予其新的内容。

一、经济决定金融

经济决定金融，从理论上说源于马克思的分工交换论。马克思说分工产生出交换，“**分散的交换行为产生出银行和信用制度**”。因为在商品经济条件下，商品交换需要货币结算，货币结算需要簿记，簿记活动需要花费劳动，而为了节约劳动，簿记活动需要集中，银行制度正是为了符合分散的交换行为需要集中进行货币结算的要求而产生的。**这表明银行制度的产生是社会生产力进一步发展的必然要求。**除了分工交换论所揭示的原理，经济对金融的决定性作用还取决于商品经济发展的程度。一般来说，在商品经济不发达的国家和地区，金融业集中在少数大城市，与大工业相关企业及企业主有了关系，而广大的农村基本上是实物信贷；在商品经济欠发达的国家和地区，金融业开始在中小城市普及，与城市居民有了关系，和部分农村居民也有了关系，而与另一部分农村居民有直接关系的则是当铺；在商品经济发达的国家和地区，金融业与全体社会成员都有了关系。**这可谓商品经济发展程度论。**除此之外，经济对金融的决定性作用还取决于政府、企业、居民家庭有多大的金融活动空间。政府的金融活动空间，决定于财政收支在多大程度上采用信用形式；企业的金融活动空间，决定于其在多大程度上采用负债经营；居民家庭的金融活动空间，决定于其收入水平和储蓄，收入越多，储蓄越多，理财的需求越大①。**这可谓经济主体收支决定论。**

进一步说，社会成员的经济行为与金融业的兴衰关系极大，而社会成员的经济行为取决于其金融意识。一个国家或地区在不同时期，有多少社会成员、有什么样的社会成员与金融产生关系，由社会成员金融意识的强弱决定。衡量金融意识强弱的标志，不在于有多少人存款，而在于有多少人买卖金融商品。一般的情况是，先大后小，先机构后个人，先生产后消费，即大企业先进

① 王小霞. 个人金融与中国经济发展相关性研究［D］. 成都：西南财经大学，2009.

入市场与金融商品产生关系，小企业后进入市场与金融商品产生关系；机构先进入市场与金融商品产生关系，个人后进入市场与金融商品产生关系；金融先作用于商品生产流通，后作用于生活消费。

在20世纪60年代以后，发展经济学兴起，相关学者开始注重经济与金融的相关性研究，运用若干经济与金融变量去考察它们是否相关，以及相关的紧密度、相关的传导机制、相关的正负效应等。**这表明经济关系的研究注重揭示事物之间的本质的（而不是表象的）、稳定的（而不是偶然的）联系。**相关研究用这种联系表明特定领域的经济与金融的函数关系，从理论上加以升华，让现实和未来去检验，不仅有实践意义，而且有理论价值。

二、金融反作用于经济

金融反作用于经济，这一点我们可以从多方面去考察。它的理论基础、运作机制和效应评价等将在本书后续各章中考察。这里仅概略地提出几点，作为以后各章的先导和铺垫：①金融工具作用于商品流通和价值的实现；②金融借贷作用于生产的推动和生产规模的扩大；③金融商品作用于人们的资产选择和增值；④金融价格（含利率和通胀）作用于财富在各阶层之间的分配；

⑤金融媒介作用于资产的分配和重组；⑥金融保障作用于社会秩序的正常运行和社会稳定；⑦金融资本作用于经济组织的改革和更新；⑧金融政策作用于宏观经济调控；⑨金融文化作用于人的生存生活环境和人的素质；⑩金融实力作用于经济安全和国家安全。这样的概括也许不那么全面和深刻，但它从多方面揭示了金融的功能。金融功能不是货币功能和信用功能的简单相加，而是在它们基础上的发展和深化。在教科书中，金融的功能一般被概括为四种：提供交换的媒介，筹措和分配资本，转移和分散风险，稳定物价和经济。如果说这些功能都可看作金融活动对社会经济生活的影响，则当代金融对社会经济生活的影响，更集中在市场上金融交易的过程中。金融交易对社会经济生活的影响表现在：**第一，人们持有和买卖金融资产能强化利益机制，约束经济主体的行为。**因为金融资产存在于债权债务关系中，债权要索取，债务要偿还，这就是说信用关系的一方要对另一方进行约束。这种约束会制约经济主体的行为，使经济主体谨慎行事，不能轻举妄动。**第二，人们持有和买卖金融资产能克服投资的局限性，增强投资的能力。**金融活动能使储蓄与投资这两种行为分离开来，衍生出两种独立的职能。这种分离和独立产生的效应是：储蓄者不必担心没有投资机会，投资者不必担心没有足够的储蓄。不仅如此，金融活动还能使储蓄与投资在新

的意义上结合起来。这是指金融能提高储蓄与投资的总水平，提供有利的投资机会，降低融资成本，扩大储蓄与投资的范围，减少投资的风险。相反，如果没有金融活动将储蓄与投资这两种行为连接在一起，企业家要想扩大投资时，自己只能先进行储蓄，当储蓄不足时，有了投资机会也无法进行投资。当有金融活动以后，投资者可以超过当期的收入进行支出，储蓄者可以积累收入以求增值。总之，有了金融活动，金融资产作为一种投资工具，能够把资金盈余者与资金短缺者联系起来，把分散的盈余者集中起来进行投资。所以，金融能够克服投资的局限性和增强投资的能力。**第三，人们持有和买卖金融资产能够优化资源的分配。**这主要是通过金融资产的价格实现，某一种金融资产的价格越高，表明这种金融资产作用于资源分配的效果越好。这能作用于投资主体的选择，调整投资主体的投资行为①。**第四，人们持有和买卖金融资产能调节经济增长速度，使国民经济运行保持平稳和推动国民经济协调发展。**这是因为金融资产能保存价值，买卖金融资产能分流对其他商品的购买力②。而这两点都能给国民经济结构的调整腾出时间，

---

① 黄光伟. 建设新农村背景下的农村金融问题研究［D］. 成都：西南财经大学，2008.

② 张迎春. 统筹城乡发展与完善农村金融体系研究［D］. 成都：西南财经大学，2004.

让国民经济各部门、各企业更加协调地发展，让商品的供给和需求趋于均衡。**第五，人们持有和买卖金融资产能弥补意外损失，增进社会福利。**这主要表现在保险方面。财产保险能弥补当事者的损失，使当事者及时恢复生产，保证其经济生活的正常运行；生命保险能解除人们的后顾之忧，保障人们安定生活。

在当代，金融对经济的反作用延伸到了社会的进步和发展。社会的进步和发展有赖于经济发展，但经济发展不等于社会进步和发展。在社会进步和发展中，金融处于既在其中又在其外的位置。说它既在其中，是指金融事业的进步和发展是社会进步和发展的组成部分；说它又在其外，是指金融事业的进步和发展推动着社会的进步和发展。这后一方面体现在：①通过金融运作（如推动独生子女保险）控制人口增长，优生优育；②通过金融运作（如推行人身保险），增进社会福利，实现老有所养，老有所乐；③通过金融运作，支持教育、科技发展，促进精神文明建设；④通过防范化解金融风险，减轻社会负担；⑤通过提高金融效率，降低社会成本等[①]。**以上这些状况，在一些国家和地区已经明显地反映出来，是金融反作用于经济（广义的）的新趋势。**

---

① 翟立宏. 信托产品创新：要素解构与环境分析［D］. 成都：西南财经大学，2005.

这种新趋势，可以概括为五点：

（1）金融与经济发展的关系可表达为：二者紧密联系、相互融合、互相作用。具体来说，经济发展对金融起到了决定作用，金融则居从属地位，不能凌驾于经济发展之上；金融在为经济发展服务的同时，对经济发展也有巨大的推动作用，但也可能出现一些不良影响和副作用。

（2）经济发展对金融的决定性作用集中表现在两个方面。一是金融在商品经济发展过程中产生，并随着商品经济的发展而发展。二是在商品经济的不同发展阶段，经济发展对金融的需求不同，由此决定了金融发展的结构、阶段和层次。

（3）金融对经济的推动作用是通过金融运作的特点、金融的基本功能、金融机构的运作以及金融业产值增长这四条途径来实现的。

（4）在经济发展中，可能出现的金融的不良影响表现在膨胀虚拟资本、刺激过度投机、破坏经济发展三个方面上。具体而言，其不良影响有：金融总量失控出现信用膨胀，导致社会总供求失衡；金融运作不善使金融风险加大，一旦风险失控将导致金融危机甚至引发经济危机；信用过度膨胀而产生金融泡沫[①]。

（5）要正确认识金融与经济发展的关系，就要充分重视金融对经济发展的推动作用，积极防范金融对经济的不良影响。我们应摆正金融在经济发展中的位置，使金融在促进经济发展过程中获得自身的健康成长，从而最大限度地为经济发展服务。

笔者阐述以上关于经济决定金融、金融反作用于经济的内容，以及这五点新趋势，是为后文做进一步的理论铺垫。

参考文献：

[1] 王小霞. 个人金融与中国经济发展相关性研究［D］. 成都：西南财经大学，2009.

[2] 黄光伟. 建设新农村背景下的农村金融问题研究［D］. 成都：西南财经大学，2008.

[3] 张迎春. 统筹城乡发展与完善农村金融体系研究［D］. 成都：西南财经大学，2004.

[4] 翟立宏. 信托产品创新：要素解构与环境分析［D］. 成都：西南财经大学，2005.

---

① 杨旸. 金融均衡发展对经济可持续增长的实证分析［J］. 时代金融，2014（14）：60.

［5］ 杨旸. 金融均衡发展对经济可持续增长的实证分析［J］. 时代金融，2014（14）：60.

［6］ 曾康霖. 社会阶层收入结构变迁与金融机构展业定位［R］. 成都：西南财经大学中国金融研究中心，2003.

第一章　资本主义的发展变化

一、资本主义有哪些新发展[①]

世界经济问题专家李琮提出的“发达资本主义的新发展”，指的是 20 世纪 80 年代中期以来，特别是 20 世纪 90 年代以来发达资本主义的新发展。可以说，资本主义最重要的新发展，主要是指科技革命引起的变化。20 世纪 90 年代以来，以信息技术为主导的高科技热潮对经济的影响最为显著。首先，它带来了产业结构的新变革，催生了就业结构的新变化以及结构性失业的增加。其次，它带来了企业制度的新变更和经济模式的重建。

（一）产业结构新变革的三个特点

第一，信息产业正成为主导产业，它渗透到几乎所有的经济领域，并广泛应用于其他高科技领域。第二，

① 本节内容主要参考了《发达资本主义：又有哪些新发展？——世界经济问题专家李琮访谈录》。发达资本主义：又有哪些新发展：世界经济问题专家李琮访谈录［J］. 中国民营科技与经济，1999（5）：12-13.

高新技术广泛应用于农业、能源业，使过去被称为“夕阳产业”的“传统产业”脱胎换骨。第三，产业之间的界限趋于模糊。

（二）产业结构的变化给就业结构带来的新变化

20世纪80年代以后，劳动者被分为“知识型”劳动者和“非知识型”劳动者。前者迅速增加，后者则逐步减少。当然，由于高科技设备的操作往往简单易行，有些行业仍需要相当多的低技能者。此外，服务部门仍需要清洁工、门卫等工种。因此，发达国家在就业方面正走向新的二元结构。而代表生产力发展方向的是高知识型劳动者。毫无疑问，在大变革时代，不了解必要的现代知识、不掌握高新技术的人，包括工人和管理人员，将被无情地淘汰，加入新的结构性失业大军。

（三）20世纪90年代以来发达国家的企业制度中最重要的变化

20世纪90年代以来，发达国家最惹人注目的是强劲的企业兼并风潮。这当中，巨型公司的购并行为占据了突出位置，几乎席卷所有部门和行业，特别是银行业。

企业内部的变化主要发生在管理体制上。一个变化是供应制（承包制）出现。大制造商不仅把零部件的生产外包出去，而且把零部件的科研、设计、开发等全包给其他企业。这样，这些企业形成了一个以大制造商为首的企业群体。它们在法律上是各自独立的，但在经济上是一个整体，行动上也是同步的。它们的共同目标，是让同一产品在市场上具有最强的竞争力和能获得最大限度的价值。另一个变化是企业管理机构的“改组”或“再造”。与过去相比，企业内部分工过细的弊病正在消除。通过“再造”，许多公司机构“横向化”，职能“综合化”，大量中低层管理人员被裁减。这些企业中每个员工都是“多面手”，他们被要求自动地去做分内工作以外的事。这样的变化让高层管理人员更易于了解基层的事，又不去过多干预，而是让各部门发挥创造性，从而使公司由“家长式管理”转变为“伙伴式经营”。

发达资本主义国家对经济的宏观管理也出现了变化。总体来说，西方国家正在“重新界定政府的职责”，趋势是政府减少对经济的干预。20 世纪 80 年代，政府关心的是如何恢复经济活力。而在当前，政府要加强干预的重点领域，一是科技，二是教育，三是环保，四是对外经济关系。

（四）关于“第三条道路”之由来

所谓“第三条道路”之说由来已久。过去是指一些国家企图在资本主义和社会主义两条道路之间，或自由市场经济和中央集中计划经济两种体制之间寻找“第三条道路”，其代表是北欧的社会民主党及其所建立的模式。现在所说的“第三条道路”或“中间道路”的含义与此不同，它是指一些国家企图在美国模式和欧洲模式之间寻找新的途径，构建新的模式。例如，法国前总统希拉克就认为，欧洲社会保障涉及的面较广，报酬增加的幅度较高，但就业机会较少；而美国社会保障面较窄，劳动报酬增加幅度较小，但就业机会增加较多。美国前总统克林顿和英国前首相布莱尔都力求在过去相沿已久的左翼和右翼政党的纲领和一贯主张之间找出一条“中间道路”。也有人发现荷兰人已找到了走向繁荣的“第三条道路”，即把开放的、有活力的市场与提供慷慨的社会福利和保证一定程度的社会正义结合在一起。20 世纪 90 年代，荷兰的经济增长率高于英、法、德等国，而失业率大大低于这些欧洲大国，通货膨胀率也较低。这些都是值得我们研究的。

二、当代资本主义的变化

概括地说，当代资本主义有五个方面的变化。

（一）生产资料所有制的变化

第二次世界大战后，资本主义所有制发生了新的变化，国家资本所有制形成并发挥重要作用，法人资本所有制崛起并成为居主导地位的资本所有制形式。法人资本所有制是资本主义生产资料所有制发展到一定阶段出现的新形式。它体现了资本对雇佣劳动的剥削。资本主义所有制经过这些形式的演变，资本占有的社会化程度大大提高。

（二）劳资关系和分配关系的变化

随着科学技术的进步和社会生产力的发展，特别是随着工人阶级力量的不断壮大，资本家及其代理人开始采取一些缓和劳资关系的激励制度，促使工人自觉地服从资本家的意志。这些制度主要有：职工参与决策制度，终身雇佣制度，职工持股计划及相关制度，社会福利制度。当代西方国家在分配领域的这些变化，是资本主义发展到国家垄断资本主义阶段后对其分配关系做出的新调整，资本主义国家工人阶级的生活状况由此得到了一定的改善。

（三）社会阶级、阶层结构的变化

在当代资本主义生产关系中，阶级、阶层结构发生了新的变化。其主要表现是：传统的资本家的地位和作用已经发生很大变化；高级职业经理成为大公司经营活动的实际控制者；知识型和服务型劳动者的数量不断增加，劳动方式发生了新变化，实现了从传统劳动方式向现代劳动方式的转变。

（四）经济调节机制和经济危机形态的变化

第二次世界大战结束以来，资本主义国家对经济的干预不断加强。这种干预与市场机制相辅相成，共同推动着资本主义经济的运行和发展。在经济调节机制变化的同时，资本主义经济危机的形态也发生了变化，资本主义国家金融危机对整个经济危机的影响加强。

（五）政治制度的变化

当代资本主义政治制度产生的变化主要表现为：国家行政机构的权限不断加强；政治制度出现多元化的趋势，公民权利有所扩大；重视并加强法治建设；改良主义政党在政治舞台上的影响日益扩大，成为二战后西方资本主义国家政治生活中非常引人注目的现象。

政治制度的变化，首先，使资本主义国家政治机构的权限不断加强，国家权力日益集中于政府首脑；其次，使资本主义政治制度出现多元化的趋势，公民权利有所扩大；最后，使资本主义国家重视并加强法治建设。二战后资本主义国家普遍加强了法制建设，以便协调社会各阶级、阶层之间的利益，缓和矛盾和冲突，更好地发挥国家政策对经济生活的干预作用。

三、资本主义新变化的实质

当代资本主义虽然发生了许多新变化，但它的经济基础仍然是资本主义私有制。在资本主义社会，企业控股权还是掌握在少数资本家手中。股权社会化不过是资本主义私有制的一种新模式。因此，资本主义社会中生产社会化与生产资料私人占有之间的矛盾依然存在，导致经济危机的根源依然存在。工人享有的社会福利和工人的生活水平虽然有了一定的提高，但是他们作为受剥削的雇佣劳动者，地位没有改变①。从本质上讲，正是工人阶级自身创造出了更多价值、更多社会财富，他们自身的生活水平才得以提高，与此同时资产阶级则得到更多的剩余价值。考察资本主义社会中劳动人民的生活水平和总体状况，不但要看在岗人员的情况，还要看失业的水平与失业者的状况；不但要看白领阶层的收入和生活水平，还要看蓝领阶层的收入和生活水平，以及贫困人口的状况。

几十年来，西方发达国家生活在贫困线以下的人口占比一直保持在15%~20%。这依靠资本主义的自我调节与完善，是在资本主义制度所允许的范围之内进行

---

① 闵克勤，刘勇. 怎样认识当代资本主义的新变化［N］. 解放军报，2006-06-13（2）.

的。从另一种角度看，在科技革命的促进下，当代资本主义借鉴社会主义所进行的某些社会改良，虽然没有改变资本主义生产关系的根本性质，但在客观上却是在资本主义社会的胎胞里孕育和生长着的“新的社会因素”。因此，我们应当对社会历史发展趋势充满信心①。

马克思主义认为，事物在发展变化过程中，常有这种情况，即在总的量变过程中，要经过一系列阶段性的或局部性的部分质变，最终完成根本性的质变。这些质变可能是爆发式的，也可能是非爆发式的②。目前爆发式的质变与非爆发式的质变遍及全球，此起彼伏，缓急兼有。

四、马克思研究经济学的三个时期及相关方法论

要理解马克思关于量变与质变的观点和马克思对资本主义的认识，就要了解马克思研究经济学的三个时期。第一个时期是1844年4—8月，代表作是马克思撰写的《1844年经济学哲学手稿》；第二个时期是1857—1858年，代表作是马克思撰写的《1857—1858年经济学

① 闵克勤，刘勇．怎样认识当代资本主义的新变化［N］．解放军报，2006-06-13（2）．

② 胡连生．当代资本主义的部分质变及其意义［J］．当代世界与社会主义，1999（2）：69-72．

手稿》；第三个时期是 1858 年以后，这一时期马克思主要研究资本主义经济，代表作是马克思撰写的《资本论》。

1844 年，**马克思撰写了《1844 年经济学哲学手稿》**。起初，马克思很看重“哲学”，他在《给父亲的信》中，明确指出“没有哲学，我便不能向前迈进”。这不仅在于马克思公开承认他是黑格尔这位大师的学生，而且马克思坦诚，他受到黑格尔的学生如鲍威尔、费尔巴哈等的影响。其中布鲁诺·鲍威尔（1808—1882）对马克思的影响最大。鲍威尔对马克思来说，既是师长又是朋友。鲍威尔经常将自己的哲学思想告诉马克思，加速了马克思对黑格尔哲学的理解和自身思想的成熟。对于马克思的学习及未来的工作，鲍威尔非常关心，他不仅指导马克思撰写博士论文，而且帮助马克思取得博士学位。总体来说，鲍威尔对马克思的关心主要是在意识形态方面。因此，起初马克思的博士论文，其内容沿袭了黑格尔及其学生的部分观点。这些观点，从意识形态和方法论分析，包含着三个方面或者说三个环节：①抽象的法；②道德；③伦理。按黑格尔的诠释，抽象的法是客观的，道德是主观的，而伦理是主客观的统一，是客观精神的真实体现，个人的权利、个人的道德自由，均以社会性的、客观的伦理实体为归宿和真理。法和道德单就其自身来说是没有现实性的，它们必须以伦理为基础，作为伦理的体现者而存在。然而，黑格尔却按照自己的逻辑思想，将这三者的关系颠倒过来，先从抽象的法讲起，最后才讲到伦理。这一点，是由他把法哲学看成“应用逻辑学”的总的体现决定的。他还在《法哲学原理》中设计了一个从抽象到具体的概念体系，而这本书中的抽象概念，又是承接逻辑学的，并且是以本领域的从具体到抽象的概念运动为前提和依据的。但黑格尔在写作《逻辑学》之前，甚至在写作《精神现象学》之前，就有对政治经济学及法律学等的具体研究，因而不能说《法哲学原理》中的抽象的法是没有半点事实根据的。不过在他《哲学全书》那漫长的概念运动中，这个具体的事实根据已很难被发现。而具体到《法哲学原理》的第二部分，则很清楚地反映出他深厚的政治经济学功底，以及将市民社会与国家的关系进行颠倒的论述。

按马克思的理论，人类与动物的区别在于生产劳动。换句话说，人类是能够通过劳动来满足需求的动物，而其他动物则不能。与此相关的是，市民社会是经济基础，国家是上层建筑。在家庭和市民社会与国家的关系中，家庭和市民社会是基础，是国家的前提。这个意思很明确，国家是建立在家庭和市民社会基础上的。

将黑格尔颠倒了的关系再颠倒过来，就形成了对家庭、市民社会和国家关系的正确认识。家庭、市民社会是国家的前提，也是国家的构成部分。不是国家的理念决定家庭和市民社会，而是家庭和市民社会决定国家，只有国家成为真正的“现实性”存在，即作为实际存在的国家在历史上发展时，人们——作为市民社会和家庭的成员——才会形成关于国家的理念。因此，要想认识国家，不能到其理念，而应到市民社会中去寻找。“家庭和市民社会本身把自己变成国家。它们才是原动力。可是在黑格尔看来却刚好相反，它们是由现实的理念产生的。它们结合成国家，不是它们自己的生存过程的结果；相反地，是理念在自己的生存过程中从自身中把它们分离出来。”①

马克思指出，黑格尔用他的思辨把现实的关系归结为现象，即由现实的理念“私自制造”出来并在幕后行动的那种中介的现象。这样，他就可以任意地杜撰国家决定家庭和市民社会的“逻辑”了。“理念变成了独立的主体，而家庭和市民社会对国家的现实关系变成了理念所具有的想像的内部活动。”② 这一点正是黑格尔唯心主义思辨方法的奥秘之所在，一旦揭示了这种奥秘，人们也就可以从黑格尔的逻辑思辨中发现其中包含的科学

① 马克思，恩格斯．马克思恩格斯全集：第一卷［M］．北京：人民出版社，1956：251-252.

② 马克思，恩格斯．马克思恩格斯全集：第一卷［M］．北京：人民出版社，1956：250.

成分。马克思进一步指出："实际上，家庭和市民社会是国家的前提，它们才是真正的活动者；而思辨的思维却把这一切头足倒置。如果理念变为独立的主体，那末现实的主体（市民社会、家庭、'情势、任性等等'）在这里就会变成和它们自身不同的、非现实的、理念的客观要素。"① 要知道，揭示出黑格尔的上述逻辑，就是马克思研究经济学的第一个时期写的文章被命名为《1844 年经济学哲学手稿》的根本原因。

马克思是一个在不断探索和批判中前进的革命思想家，他在政治经济学上所取得的伟大成果，是他这种探索和批判精神的产物。而决定他不断探索和批判，从而使其思想与哲学不断发展的基础，就是他青年时代对哲学的重视和深入研究。人们往往对马克思在很短的时间内写出《1844 年经济学哲学手稿》这样的伟大著作感到难以理解。难以理解的，除了马克思究竟通过什么样的捷径建立起远超过古典政治经济学的体系，还有他为什么进行政治经济学研究。要解决这些问题，一个关键就是探讨马克思青年时代的哲学研究，以及他在这种研究中所经历的重大思想转变。

1857—1858 年，是马克思思想河流的一个重要的阶

① 马克思，恩格斯. 马克思恩格斯全集：第一卷［M］. 北京：人民出版社，1956：250-251.

段，一个重要的截面。

往前追溯 10 年，1847—1848 年，**马克思在 19 世纪 40 年代初完成从唯心主义向唯物主义、从革命民主主义向共产主义的深刻转变后，在理论探索中形成了唯物史观，创立了唯物辩证法。**马克思和恩格斯在那时发表的《共产党宣言》，被马克思认为是《资本论》的入门。在《共产党宣言》中，马克思、恩格斯运用唯物史观分析资本主义，运用唯物辩证法揭示资本主义的前途。他们用行云流水般的文字展现了自己的研究成果，宣布“**资产阶级的灭亡和无产阶级的胜利是同样不可避免的**①”，代替资产阶级社会的是“**每个人的自由发展是一切人的自由发展的条件**”② 的社会。但是，当时马克思的剩余价值理论尚处在萌芽过程之中，还未最终建立，《共产党宣言》的结论还需要更加坚实的理论基础作支撑。**资本主义剥削的秘密的揭露还有赖于马克思的经济学研究，还有待于政治经济学批判的深入。**

往后 10 年，1867 年，马克思公布了他的政治经济学批判的成果，出版了《资本论》第一卷。**《资本论》运用唯物史观和唯物辩证法，在科学的劳动价值理论的**

① 马克思，恩格斯. 马克思恩格斯文集：第二卷［M］. 北京：人民出版社，2009：43.

② 马克思，恩格斯. 马克思恩格斯文集：第二卷［M］. 北京：人民出版社，2009：53.

基础上发现了剩余价值理论，揭露了资本主义剥削的秘密，实现了政治经济学的伟大革命，把资本主义被社会主义所代替的必然性建立在科学的理论基础之上。通过批判地继承德国古典哲学、英国古典政治经济学和法国空想社会主义，运用唯物史观和唯物辩证法研究资本主义生产方式以及和它相适应的生产关系和交换关系，得出科学社会主义的结论，马克思将自己的思想观点有机地联系进而形成体系，熔铸为一块整钢。**1867 年出版的《资本论》第一卷，标志着马克思思想体系的完全成熟。**

而介于《共产党宣言》出版和《资本论》第一卷出版之间的 1857—1858 年，马克思的思想活动是什么样的，理论研究结晶是什么样的，理论又成熟到何种程度呢？马克思写于 1857—1858 年的经济学手稿，真切地反映了他 15 年潜心于政治经济学批判后的思想轨迹和理论建构活动，是他 15 年政治经济学研究成果的体系化书写和纲要式总结，是他对经济学范畴的批判、对资产阶级政治经济学体系的批判、对资产阶级政治经济学体系的叙述和在叙述过程中对其进行批判的记录，是他计划撰写的巨著《政治经济学批判》的最初手稿①。

---

① 赵学清.《资本论》文献若干问题刍议［J］. 中国浦东干部学院学报，2024，18（3）：62-72.

《1857—1858年经济学手稿》（以下简称《手稿》）是《共产党宣言》和《资本论》第一卷之间马克思思想发展的重要记录，是《共产党宣言》和《资本论》第一卷之间的思想驿站，它代表了马克思思想发展过程中的一个决定性阶段。《共产党宣言》的结论在这里获得了较为系统的学理论证，得到了比较坚实的理论支撑；《资本论》的结构、方法和观点在这里孕育并茁壮生长。由于此时马克思考察现代资产阶级生产的视野宏大、深远，阅读和摘录的材料广博、浩繁，思考和批判的问题深入、透彻，计划撰写的经济学著作规模恢宏而涵盖全面，因而《政治经济学批判》这一巨著的结构在写作过程中不断地被调整，他在寻求一个能充分表达他对资产阶级政治经济学、剖析资本主义生产有机体的批判的叙述逻辑和体系框架①。虽然《手稿》仅有开头的三章，但其思路既严谨又跳跃，铺陈的内容异常广泛。它不仅基本包含了后来在四卷《资本论》中得到详细讨论的主题，如资本的生产过程、资本的流通过程、资本主义生产的总过程和剩余价值理论史，以及商品、劳动、价值、货币、资本、剩余价值、资本积累、利润、利息、信用等方面的众多学说；而且包含了他自己后来

① 赵学清.《资本论》文献若干问题刍议［J］. 中国浦东干部学院学报，2024，18（3）：62-72.

所有著作中再也没有涉及和展开的论点，如制造不再倚重人工的社会、机器自动化生产、休闲潜力、全球化的资本主义、生态学以及对未来社会概况的预言等。**《手稿》是探索连四卷《资本论》也仅仅是其一部分的那部经济学巨著的唯一的全方位的指南，包含了超越于分析 19 世纪资本主义的若干方法论原则和一些既抽象又具体的分析，超越了他本人在其他著作中对未来社会所做的趋势性提示**[①]。《手稿》是马克思思想河流中最重要的阶段和截面，是研究马克思思想的弥足珍贵、不可多得的思想宝库。

这个思想宝库在政治经济学方法上的主要成果有：

一是强调政治经济学方法的唯物主义基础。中国经济学者刘永信认为，“唯物主义认识论，是马克思学说的哲学基础，他的政治经济学方法论就是建立在这个基础上，是其哲学思想在政治经济学研究领域的具体化”[②]。**“唯物主义历史观是马克思认识社会历史现象的理论基础。经济问题是主要的社会问题之一，对经济的研究，无疑是形成唯物主义历史观的条件，而唯物主义历史观的形成，又是政治经济学研究的理论和方法的基**

① 赵学清.《资本论》文献若干问题刍议［J］. 中国浦东干部学院学报，2024，18（3）：62-72.

② 刘永信. 马克思经济学手稿的方法论［M］. 郑州：河南人民出版社，1990：190.

础。”[①] 从 1844 年到 1857 年，马克思确立了唯物主义认识论，基本形成了唯物史观，明确了概念与历史的关系等，为自己的政治经济学研究奠定了唯物主义的方法论基础。**二是体现出方法论特点。刘永佶《马克思经济学手稿的方法论》一书认为，《手稿》的方法论特点是：①实证性的充实和加强；②对黑格尔《逻辑学》的再次浏览及其借鉴；③注重一般、特殊、个别的关系；④异化思想的转型和具体化；⑤历史感的充实和加强。**《手稿》的方法论特点，是唯物史观在经济学研究上的具体运用和在运用中对黑格尔唯心主义辩证法的唯物主义改造而形成的特点。**三是通过《手稿》的《导言》部分体现出方法论意义。刘永佶认为，《导言》通过规定“生产一般”、论证经济过程各环节的辩证关系和分析政治经济学巨著设想的体系及其演变，系统地论述了政治经济学的方法。**“《导言》中对研究方法的论述，主要涉及两个方面，一是抽象与具体的关系，二是逻辑与历史的统一。”[②] **四是提出了新的核心概念。**刘永佶认为：“一个学说体系的核心概念，对这个体系来说是至关重要的，它的规定从总体上反映了政治经济学方法论

---

① 刘永佶. 马克思经济学手稿的方法论［M］. 郑州：河南人民出版社，1990：190.

② 刘永佶. 马克思经济学手稿的方法论［M］. 郑州：河南人民出版社，1990：269.

的发展程度。”① 《马克思经济学手稿的方法论》基于上述认识，分析了《手稿》对劳动价值论的改造与对劳动和资本的分析、剩余价值概念的初步规定和剩余价值概念的直接展开，认为方法论进展在《手稿》中进展的集中体现是，“在《1857—1858 年经济学手稿》中提出剩余价值这个新的核心概念”②。**五是对各具体概念的改造和规定。**刘永佶认为，“对各具体概念的改造和规定，是《1857—1858 年经济学手稿》中的重要内容，也是其方法论的重要方面。”③ 《马克思经济学手稿的方法论》通过探讨《手稿》对资本积累、资本循环和周转、固定资本和流动资本、利润和利息等概念改造的方法，认为这些具体概念的改造是从本质说明现象的过程，使抽象的核心概念得以展开和验证，使政治经济学的方法更为系统。

但刘永佶也指出了《手稿》方法论上的缺陷。《马克思经济学手稿的方法论》在总体探讨《手稿》方法论的基础上指出，《手稿》在方法论上的缺陷主要是：对“一般、特殊、个别”推论法的重视和某些不恰当地

---

① 刘永佶. 马克思经济学手稿的方法论［M］. 郑州：河南人民出版社，1990：284.

② 刘永佶. 马克思经济学手稿的方法论［M］. 郑州：河南人民出版社，1990：284.

③ 刘永佶. 马克思经济学手稿的方法论［M］. 郑州：河南人民出版社，1990：307.

运用；从具体到抽象概念的运动中的缺陷；从抽象到具体概念的转化中的缺陷；构想的《政治经济学批判》体系上的缺陷等。刘永佶《马克思经济学手稿的方法论》对《手稿》方法论的研究深刻而独到，其长处在于从整体上讨论《手稿》的方法论，视野开阔，全面系统，是研究《手稿》方法论乃至政治经济学方法论的扛鼎之作①。

通过上文对马克思研究经济学的三个时期的回顾，我们应能发现，马克思主义政治经济学为我们认识资本主义的本质提供了重要参考。而要准确地把握这一点，我们就必须切实认知马克思和恩格斯所发现的不以人的意志为转移的一项客观规律，即资产阶级社会的特殊的运动规律。当代资本主义的发展变化，仍然符合这一规律。

五、当代资本主义发展变化对金融的影响及相关思考

第二次世界大战以后，资本主义国家完善了经济调节机制，在很长一段时间内加强了对经济的干预，在这一过程中赋予了金融机构宏观调控的功能。资本主义国

① 赖嘉俊. 马克思《1857—1858 年经济学手稿》空间思想层次性研究［D］. 杭州：浙江大学，2020.

家在追求经济增长的过程中，构建了国际性的金融体系，形成了类型丰富的金融市场，开发了多样化的金融产品和服务，最重要的是完善了金融监管。例如，巴塞尔委员会制定了《巴塞尔协议》，英国成立了 FSA（金融服务监管局），等等。

关于英国成立 FSA 来统一进行金融监管，值得思考的地方有：

（1）FSA 是一个非政府机构，这一机构属于什么性质？是事业单位，还是企业？FSA 的组织结构采取董事会的形式，而一部分董事来自财政部的派遣。为什么要采取这样的组织形式？以一种非营利性的、自律性的非政府机构来实行金融监管，其法典意义在于，设立了“法典框架下的自律监管”，不仅监管别人，也监管自身，即监管者自身也接受董事会的监管；其经济意义在于，在金融交易活动日益复杂的条件下，选择了基于效率要求的一种监管模式，这种监管模式被普遍认为是面向未来的安排。

（2）FSA 的经营费用来源于对被监管对象的收费，收费的高低按被监管对象信用级别的高低来确定。信用级别高的被监管对象，收费低；信用级别低的被监管对象，则收费高。这当中包含着一种理念，即信用级别低的被监管对象，必须付出更多的监管成本。

（3）FSA 监管的目标中值得注意的一点是，其以维护金融市场上投资者的信心和保护中小投资者的利益为目标，而不是减少个别金融机构的不良资产和经济损失。个别金融机构的不良资产和经济损失应由该金融机构的经理层负责。这当中包含着一种理念，即金融市场的风险应由市场参与者自己承担。

（4）FSA 自身要受到来自外部的监督、内部的监督和公众的监督。其中，外部的监督是指财政部和议会，即财政部有权指定或撤销 FSA 董事会成员及主席人选，有权对 FSA 的行为进行调查，有权要求 FSA 履行国际义务，FSA 需每年向财政部提交年度报告等；内部的监督是指接受非执行董事组成的委员会的监督和接受 FSA 举行的年度公开会的审议；公众的监督是指 FSA 必须关注金融市场参与者和金融产品消费者的意见。

（5）怎样评价英国金融监管体制的变革？对于这一监管体制的变革，有人将其概括为由多元化监管转变为一元化监管。这样概括还不能完全反映其转变的内容和实质。也许我们可以说，这样的转变，是从“授权监管”变为“非授权监管”。1986 年英国的金融监管当局设计了一种“授权模式”，即由财政部将监管权力授予一个“指定代理机构”，即证券与投资委员会（SIB），但财政部要对其监管行为负首要责任。新法案完全摒弃了这一“授权模式”，而将监管权力都直接赋予 FSA。这样，英国政府就与日常金融监管活动脱离，不承担监管失误的责任，也降低了政治风险①。此外，这种转变还包含着从对机构监管到对功能监管的转变。其中，对机构的监管侧重于对整个机构的商业运作的监管，对功能的监管则侧重于对某个项目的投资行为的监管。

英国金融监管体制的转变提高了金融监管机构的地位，FSA直接对国会负责，强化了英格兰银行独立行使货币政策的职能。

参考文献：

［1］发达资本主义：又有哪些新发展：世界经济问题专家李琮访谈录［J］. 中国民营科技与经济，1999（5）：12-13.

［2］闵克勤，刘勇. 怎样认识当代资本主义的新变化［N］. 解放军报，2006-06-13（2）.

［3］胡连生. 当代资本主义的部分质变及其意义［J］. 当代世界与社会主义，1999（2）：69-72.

［4］马克思，恩格斯. 马克思恩格斯全集：第一卷［M］. 北京：人民出版社，1956.

［5］马克思，恩格斯. 马克思恩格斯文集：第二卷

① 宋海鹰.《金融服务与市场法》对英国金融监管的变革［J］. 国际金融研究，2001（5）：29-33.

[M]. 北京：人民出版社，2009.

[6] 赵学清.《资本论》文献若干问题刍议 [J]. 中国浦东干部学院学报，2024，18（3）：62-72.

[7] 刘永佶. 马克思经济学手稿的方法论 [M]. 郑州：河南人民出版社，1990.

[8] 赖嘉俊. 马克思《1857—1858 年经济学手稿》空间思想层次性研究 [D]. 杭州：浙江大学，2020.

[9] 宋海鹰.《金融服务与市场法》对英国金融监管的变革 [J]. 国际金融研究，2001（5）：29-33.

第二章　金融概念的界定和相关问题再认识

一、金融概念的引进和发展

“金融”这个概念是引进来的，英文为 finance，而 finance 有多重含义：财政、货币资财及其管理等。下面结合中国实际进一步阐释。

（一）“金融”概念的引进及多个版本

“金融”概念被引进我国后，存在不同的解释。目前能够找出若干个版本如下：

1. 货币流通及信用活动的总和

这种概念着力强调：货币资金借贷。

2. 资本市场的运营、资本资产的供给和定价

这种概念着力强调：储蓄怎样转化为投资。

3. 货币资金的融通

这种概念着力强调：调剂资金余缺。

4. 为人、为社会分散经济风险的活动

这种概念着力强调：转移分散风险，风险是一种不

确定性，可以说人生下来就会遇到很多不确定性，为了应对不确定性，要防范、要规避、要有准备。在金融业比较发达的情况下，金融活动能够转移分散风险。

5. 在不确定的环节中对资源的时间配置

这种概念着力强调：家庭、企业资产的选择。

6. 以货币和有价证券为载体的社会契约关系

这种概念着力强调：权利与义务关系的建立和实现。

7. 为适应人们资产选择和货币收支需要而设定的服务体系

这种概念着力强调：服务，提供公共产品，具有公益性、非竞争性。

理论来源于实践，概念是对实际的升华，让人从感性认识升华到理性认识。前述 7 点中，前 5 点描述的是金融活动的一种状态、一种现象及一种确定性；而后两点表达的是一种关系，及一种不确定性。前 5 点比较具体，后两点比较抽象。

（二）金融管理及其创新

金融通常被解释为货币资金的融通。这样的解释表明它在货币盈余者与短缺者之间调剂货币资金余缺。但这样的解释似乎没有揭示出多少实质性的东西，有望文生义之嫌。在我国，应当说对金融含义的权威注释是

《中国金融百科全书》中的“金融”词条，该词条将金融注释为“货币流通和信用流动以及与之相关的经济活动的总称”。这样的定义超出了“货币资金融通”之说，而且把货币流通和信用活动与金融联系在一起。把金融看成与货币流通相关的经济活动有它的合理性，因为货币资金也是货币，货币资金的循环和周转是再生产过程中的货币流通。马克思说“G－W－G′”这种形式也包含着特殊的货币流通①，其特殊性主要在于：再生产过程中的货币流通存在着垫支与回流的过程，回流的货币一般要增值，它在流通中既作用于交换过程又作用于生产、分配、消费过程。但我们必须看到，货币资金的融通，表现为货币与货币的交换，相当部分的货币资金融通，脱离了再生产过程。把金融看成一种信用活动也有它的合理性，因为当代的货币是信用货币，它是在信用制度下供给的，对货币的需求实际是对信用流通工具的需求，而且货币资金的融通必须建立在正常的信用关系的基础上。但我们必须看到，在特殊的制度背景下的货币资金融通不是完全建立在信用关系的基础上，而是建立在“政府行为”的基础上的。

把货币流通和信用活动包含在金融定义之内，强调

① 马克思，恩格斯. 马克思恩格斯全集：第四十九卷［M］. 北京：人民出版社，1982：263.

金融是货币资金的融通，有其合理性，也有其局限性。局限性之一是缩小了融资主体，因为按马克思主义经典作家的概括，货币资金只存在于物质产品生产流通领域，这样需要融资的主体就只有工商企业。局限性之二是把金融的功能局限于调剂货币资金的余缺。这与现实有很大的距离。局限性之三是淡化了市场的作用，特别是淡化了利息的作用。所以给金融下定义，需要从实际出发。现代金融从表现形式来说，不仅包括货币的借贷、兑换、买卖，款项的支付，票据的流通，而且还包括证券的买卖，衍生工具的交换，实物的租赁，实物的保险，贵金属的交换，等等。尽管不同的形式有各自的特点，但它们都是一种资产，其价值都要以货币计量，其增值状况都以利息为尺度。并且，它们的活动形成了一个市场，进入市场的主体，既有企业又有个人，甚至还有政府，活动的目的绝不仅是调剂货币资金的余缺，还是为了求得资产的流动性、安全性和盈利性的最佳组合。所以，现代金融是以货币或货币索取权形式存在的资产的流通。这样定义金融，强调了金融是市场行为，是人们资产的变换，是以利息为尺度的权利与义务的承诺。

在《新帕尔格雷夫经济学大辞典》中，“金融”一词被定义为“资本市场的运营，资本资产的供给与定价”①。该辞典指出，“金融”的基本内容有四个方面：有效率的市场，风险与收益，替代与套利（期权定价），公司金融。但“金融”概念的中心点是资本市场的运营、资本资产的供给与定价。这样的“金融”定义，扬弃了货币和信用，舍掉了金融宏观管理与政策，它意味着金融属于独立于货币和信用的市场机制之外的范畴，其涵盖的不是政府行为活动，而是储蓄者和投资者的行为活动。

这样给金融定义是由于融资活动的发展变化：①金融工具的多样化和融资方式的发展使融资活动与投资活动呈现出统一的趋势，资本市场是实现二者统一的系统；②直接融资在融资活动中所占的比重增大，间接融资所占的比重减小，且间接融资与直接融资相互渗透，为资本市场的运营创造了条件；③发达国家金融与经济相关度的提高，意味着人们持有的资产中金融资产的占比增大，人们追求品种的多样化，既要追求回报又要回避风险，还要保持金融资产的流动性，在这种状况下创造资本资产的供给，人们的融资活动自然选择在市场中进行；④融资活动需讲求效率，而效率反映了人们对信

① 伊特韦尔，米尔盖特，纽曼. 新帕尔格雷夫经济学大辞典：第二卷：E-J［M］. 陈岱孙，编译. 北京：经济科学出版社，1996：345.

息的掌握程度和对收益与成本的比较，这样就需要通过预期、定价来实现，所以资本资产的定价成了金融活动的主要内容。总之，金融的含义取决于金融活动的发展、运作和评价，而金融活动的发展又取决于经济金融化的程度。

从方法论的角度来说，有横向考察金融和纵向考察金融之分：货币资金盈余者与短缺者的存在，在空间上调节它们之间的余缺，是横向考察金融的典型表现；求得金融资产在时间上的最佳组合，预期价值的实现，是纵向考察金融的典型表现。2000 年 10 月中国人民大学出版社翻译并出版了美国经济学家兹维·博迪（Zvi Bodie）与罗伯特·C. 莫顿（Robert. C. Merton）合著的《金融学》，可以说这部书，是纵向考察金融的代表作。

这部书在什么是金融、为什么要研究金融、怎样研究金融等方面，对传统的金融学做出了创新。传统的金融概念如前文所述，而这本书的作者认为“金融是在不确定环境中对资源的时间配置”，或者说金融是在不确定的条件下对稀缺资源的跨时期分配。理解他们对金融概念的这一定义要注意四点：①所谓的金融资源是指什么，按他们的解释，金融资产是指家庭、企业拥有的财产或财富；②所谓的金融资源的稀缺性是指什么，按他们的解释，是指家庭、企业财产或财富的有限性；③所谓的“跨时期分配”的含义是什么，按他们的解释，是指在不同的时间上对财产或财富在其成本与效益方面的权衡；④所谓的“不确定环境中”或“不确定条件下”的含义是什么，按他们的解释，是指决策者和其他人无法预先明确知道会有什么变化。博迪认为，资源的金融配置与资源的其他配置比较起来有两个特点：一是不确定性；二是存在成本收益比较的时间序列，即不同时间的分布（见《经济学消息报》2000 年 12 月 1 日第 413 期）。这样来定义金融，与一般的或传统的定义的差别是：①一般地讲，金融资源是指货币、信用以及在货币信用基础上派生的各种金融商品的供给、需求及对它们的交易，从所有权的归属来说，金融资源的一部分形成家庭财产，但并不仅是家庭财产。②金融资源是否稀缺值得研究。我们认为金融资源与其他资源比较起来，它的供给与需求不是“稀缺”的，而是有较大弹性的。③不确定性是否不会在资源的其他配置中产生？我们认为其他资源的配置同样存在着不确定性，因为同样受市场“看不见的手”的引导。④在资源的其他配置中是否不存在成本收益比较的时间序列？我们认为同样存在，因为其他资源在不同的时间、空间中有不同的价值。所以，这样给金融做出的定义，也有界限不清楚、含义不精确和不规范的地方。

为什么要研究金融或者说研究金融是为了什么？博迪他们有一个核心观点，即“金融理论中的角色是家庭和企业。家庭在理论中占据特殊位置，因为体系的最终目标是满足人们的偏好，而且理论认为那些偏好是给定的。金融理论以人们满足偏好的努力来解释家庭的行为。企业的行为是从其如何影响家庭福利的角度来研究的"①。这段话表明：在他们看来，金融的最终功能是为了满足人们的消费偏好，增进福利，"家庭的行为是做出满足偏好的努力"。企业和政府的存在是为了便于实现最终功能，其行为会影响家庭福利。在他们看来，要增进家庭的福利，满足人们的消费偏好，就要将自己拥有的资产进行最佳组合，减少风险，求得增值。这样的理念与一般的或传统的理念比较起来，其差别是：①侧重点在于家庭，而不是企业、政府，相反，企业和政府的存在是为了实现家庭福利的增进和满足人们的消费偏好；②金融的运作在于家庭财产的组合或配置，而不是把金融作为一种信息、一种工具、一种产业，研究它的运作如何作用于经济的发展和社会的进步。他们把金融的最终功能说成是满足人们的消费偏好，这种状况是在经济发展、人们收入增加到相当程度条件下产生的。因为在这样的条件下，人们不仅要消费物质的、精神的产品，也要消费金融产品，金融消费成为人们生活中不可

---

① 博迪，默顿，克利顿. 金融学：第二版（英文）[M]. 北京：中国人民大学出版社，2011：17.

缺少的组成部分，因而有其合理性。但如果条件不具备或时过境迁，他们的理论就需要修正。应当说，金融的最终功能是满足人们实现价值的追求，人们实现价值的追求有物质上的追求和精神上的追求。

关于怎样研究金融，博迪提出了金融的三根基本支柱、四重体系和六大基本功能。所谓金融的“三根基本支柱”，就是货币的时间价值原则、风险与收益原则和科学定价原则；所谓金融的“四重体系”，就是金融市场、金融中介、金融服务公司、金融监控管理机构；所谓金融的“六大基本功能”，按博迪在中国人民大学的讲演，可概括为：支付系统、集中财富、转移资源、风险管理、提供信息、建立激励机制。博迪他们认为所有这些就是金融理论体系的组成部分，其撰写出版的《金融学》也是按这样的体系安排的。他们认为，金融理论的作用就在于帮助人们思考如何决策，因而把这些问题讲清楚，用相关理论去充实人们的思想、指导人们的行为，就足够了，不用涉及金融宏观调控。由此，我们可以说博迪、莫顿撰写的《金融学》是一部微观金融学教材，进一步说，是一部以家庭资产组合为着力点的家庭理财学著作。这样的著作在美国那样的社会里是适用的，一定有广大的读者群，博迪认为，不仅如此，它还具有国际性。他在讲演中说《金融学》的主要内容涉及很广，“包括个人和公司做决策的部分。因为当人们面临越来越多的选择时，就个人来说，理解如何做金融决策，要存多少钱以应付将来的问题，投多少钱，这些都是个人要做的决策。指导个人做金融决策的原则同样也适用于企业做商业决策。这些非常基础的原则对德国、美国适用，同样也适用于中国和其他国家，具有国际性。”（见《经济学消息报》2000 年 12 月 1 日第 413 期）这样的论断合不合适，可以讨论。在我们看来，尽管家庭、个人的金融服务需求与企业的金融服务需求有相同之处，但家庭、个人的金融决策与企业的金融决策也有不同：家庭、个人在社会经济生活中是消费者，而企业在社会经济生活中是生产者和流通者；家庭、个人的资产结构有别于企业的资产结构；家庭、个人的行为目标、价值取向也有别于企业的行为目标、价值取向。因而企业的金融决策尽管可以借鉴、采用家庭和个人金融决策的某些方面，但二者决不能等同。至于《金融学》的内容不仅对德国、美国适用，同样也适用于其他国家的看法，有脱离其他国家国情和现实之嫌，只能被看作一种期待。

结合中国的实际，特别是结合改革开放几十年来中国的实际，我们需要认识到我国在金融理论或金融观念方面有不少创新。

二、金融概念再认识

我国历史上有些年份，物价上涨具有上游产品的涨幅大大高于下游产品涨幅的特征，上游产品如钢材、水泥等涨幅达20%～30%，而居民消费品的价格涨幅很小，某些商品甚至下跌。这种状况，用经济学的语言表达即初级产品和中间产品价格的上涨未传递到最终产品。基本物价传导“断裂”给我们的启示：

（1）以消费者价格指数去测定货币的价值是不够的，货币的价值必须是一个综合指数。

（2）货币供给的增长，不能等于“经济增长+物价上涨”。

（3）流通中货币不仅要分层次，而且要分成若干部分，考察它作用于不同领域的情况。

（4）货币过多不一定导致通胀。

（5）研究货币购买力，必须把货币总体购买力与货币的地区单位购买力区分开来。

（6）不能以“金融中介”理论去解释所有的金融机构的功能。

（7）FIR（financial interrelations ratio，金融相关率）要表达的是在市场经济条件下融资的市场化程度、金融业的发展程度，FIR难以说明经济的货币化程度。

这种价格传导的“断裂”现象，值得关注的地方有：

（一）以社会商品零售物价指数为度量通货膨胀指标的做法需要修正

用CPI（消费者价格指数）这样的指标测定货币价值，具有透明性、稳定性和社会性，但必须指出：以CPI测定货币价值的做法也具有局限性，即它能反映地区和单位货币对消费品的购买力，但不能反映货币对生产要素的购买力；它能反映地区和单位货币的购买力，但不能反映家庭货币收入的支付能力，即消费的承受力。所以，各国在用CPI测定货币价值的同时，政府权威部门通常还要设计相关指数和推出相关指标，如我国的批发物价指数和家庭生活费用指数。

以CPI测定货币的价值，其理论基础是：以家庭消费为中心；以既定的货币收支为基础；以购买力为尺度；进一步说，货币的价值是基于货币的价值尺度、流通手段和支付手段职能，即把货币当作单纯的媒介物来看待。但在当代，货币不只是单纯的媒介物，还是一种商品、一种资产。再者，在当代，家庭不仅是消费单位，而且是生产单位（生产人力资源）；家庭不仅要储蓄，而且要投资（人力资源投资）；家庭不仅有货币收支，而且有理财需求；求得家庭财产的保值、增值，需要社会提供条件（如资产选择）。所以，在货币不是单纯的媒介物，而是一种商品、一种资产的条件下，在家庭需要进行理财和资产选择时，货币的价值怎样测定是需要研究的课题。概括地说，只以 CPI 去测定货币的价值是不够的，测定货币的价值必须用一种综合指数。我们的初步考虑是，这种综合指数必须综合实物资产的价格指数、消费品的价格指数、劳动力的价格指数、证券金融资产的价格指数、货币金融资产的价格指数。只有这样，才能比较全面、准确地反映货币的交换能力，和全面评价货币流通的状况。

（二）如果坚持以 RPI（零售物价指数）作为通货膨胀的尺度，则会存在无通货膨胀的经济增长

按照西方古典经济学的理论，经济增长、就业增加、通货膨胀是同步的，而解释通货膨胀的理论有需求拉动型通货膨胀理论、成本推动型通货膨胀理论和结构性通货膨胀理论。它们作为解释通货膨胀成因的理论，以市场经济为条件，有其特定的内容和含义：①需求拉动型通货膨胀理论认为，通胀的产生是由于总需求超过总供给。总需求是由货币供给产生的需求，总供给是按现行价格计算的可能提供的供给。因而进一步说来，这种类型的通货膨胀是由于货币的供给超过了按现行价格计算的商品和劳务的供给。②成本推动型通货膨胀理论认为，通货膨胀的产生，不是由于总需求超过总供给，

而是由于企业产品的成本增加。而企业产品成本增加的原因，主要是工人工资的增长超过了劳动生产率的增长。③结构性通货膨胀理论认为，通货膨胀的产生，既不是由于总需求超过总供给，也不是因为工资增长超过劳动生产率的增长，而是一些部门需求过旺或者相应产品成本上升、价格上涨，使得另一些部门向它看齐，从而导致整个物价水平上涨。这种理论实际上是综合了需求拉动型通货膨胀和成本推动型通货膨胀的分析，认为物价上涨的原因，既有需求拉动，又有成本推动。

这三种理论是从三个不同的角度分析同一个问题，有三种不同的核心思想和三个不同的行为目标。①以总需求拉动去解释通货膨胀，是一种宏观分析方法，核心思想是货币供给过多，没有闲置的资源可以利用，因而物价上涨。该理论的目标是实现总供给和总需求的平衡。②以成本推动去解释通货膨胀，是一种微观分析方法，核心思想是成本增加，厂商为了保持原有利润不下降，因而物价上涨。该理论的目标是实现成本与利润的平衡。③以结构性去解释通货膨胀，是一种中观分析方法，核心思想是某一部门率先涨价，另一些部门攀比，所以整个物价水平上涨。该理论的目标是实现部门之间的利益平衡。这三种理论产生的经济环境都是生产过剩，市场供大于求，不涉及资源短缺。而且这三种理论都是仅就经济因素分析经济问题，不涉及制度因素、心理因素和人为的其他因素。产生需求拉动型通胀的假定条件是：在经济发展的同时，人们的收入水平增加→消费倾向递增→消费需求增加→消费品价格上涨。但是，如果在经济发展的同时，人们的收入未增加或增加不多，或存在人们收入增加的同时储蓄倾向递增，则消费需求不增加或增加不多。在这种状况下，需求拉动乏力，通货膨胀情况不明。产生成本推动型通货膨胀的假定条件是：初级产品或中间产品的生产成本增加，价格上涨→以上游产品作为原材料生产的最终产品的成本增加→最终产品价格上涨→消费品价格上涨。但是，如果在初级产品或中间产品的生产成本增加、价格上涨的同时，未迅速有效地使最终产品的成本增加、价格上涨，则上游产品价格上涨就未推动下游产品价格上涨，成本推动型通胀就不会变成现实。产生结构性通货膨胀的假定条件是：各产业部门产品的价格上涨不均衡，率先涨价带动后续涨价。

按照西方经济学理论：经济增长会带来收入增长、就业增加，使得通货膨胀不同步，能够与经济增长分离开来；也存在经济增长，但财富没有增长、就业没有增加、人们的收入没有增加、消费没有扩大的情况。20世纪90年代末21世纪初我国的现实是上游产品价格上涨未迅速有效地推动下游产品价格上涨。考察其原因，需要关注：①要判断在这一过程中形成的是“公共品”产品，还是“非公共品”产品。一般来说，基本建设投资如修路引起的钢材、水泥价格上涨，是难以迅速传导到最终消费品的，因为基本建设投资需要相当长的收回周期。如果基本建设形成的产品是“公共品”，则投资成本不会在短期内反映在“公共品”的消费中。况且“公共品”的价格还要受其他因素制约，它不完全取决于基本建设的成本。所以在这种情况下，生产资料价格上涨，消费品的价格不涨，是顺理成章的。②要分析传导过程中不同阶段产品的关联度。一般来说，初级产品或中间产品与最终产品相关联，如钢材、水泥是建筑业的原材料，它们价格上涨关系到建筑物的成本→建筑物的成本关系到售价→售价关系到消费者的承受力→消费者的承受力受其预期收入、负债能力影响。③要分析传导过程中产品关联的时间跨度。初级产品或中间产品价格上涨，不完全会导致最终产品价格上涨，这不仅因为它们之间的关联度弱，而且因为它们关联的时间跨度长。在关联度弱或时间跨度长的情况下，初级产品或中间产品价格上涨，导致占用的资金增加，在这种情况下，“物价上涨银行买单”。也就是说，价格上涨的成本承担者，是提供资金的金融机构。④要分析最终产品特别是消费品的供求状况。⑤要分析 RPI 的统计面。有人认为房地产商品的价格不被完全计入 RPI，所以 RPI 难以真正反映居民的消费物价水平。

我国三年困难时期出现了物资短缺的情况。当时，一部分物资实行计划分配，抑制人们的消费；一部分物资实行高价政策；不增加居民和公职人员的货币收入；市场上没有什么商品可以购买来保值增值。这种状况可以认为是无经济增长的通货膨胀。

（三）如果坚持以 RPI 作为通胀的尺度，也会存在无经济增长的通货膨胀

通货膨胀之所以被人们关注，是因为它会影响人们的经济利益。这一点集中反映为货币保值问题，因而“货币贬值”是通货膨胀的核心内容。货币贬值，在一定条件下，如人们的心理承受力弱，会引起抢购现象，但不一定在任何情况下都表现为抢购现象，因为人们还可以选择其他的途径保值。现实生活表明：人们能够通过追求较高的利息、股息实现保值，能够通过购买黄金等实现保值，能够通过持有稀缺商品、纪念品（如某些邮票）实现保值，等等。这说明：通货膨胀及货币贬值，既能够导致物价上涨，也能够导致对外贬值，还会导致人们追求货币收入和能够增值的稀缺物。在价值符号流通的条件下，货币的价值表现为货币的购买力。货币不仅具有对一般商品的购买力，而且具有对劳动力的购买力，具有对金融资产的购买力，等等。所以，当货币贬值时，人们除了购买一般商品保值外，还能购买金

融资产以追求本金收益和红利保值。在货币贬值条件下，相应地增加货币收入，是劳动力出售者提高劳动力的价格以寻求补偿因货币贬值带来的损失的手段。西方国家的有关部门密切监视着消费者价格指数，以它的变动作为增加货币收入、调整福利的依据。这说明，通货膨胀会表现为社会成员强烈地要求增加货币收入，否则，便难以提高劳动效率。这种状况，在我们这里也不是不可能产生。

（四）通货膨胀与通货紧缩在空间上能够并存

我国的实际情况是：在有的年份“货币多，物价并没有涨”，而有的年份“物价涨，货币却并不多”。实际情况证明，通货膨胀或通货紧缩的产生，还有制度的和非制度的因素。这里说通货膨胀与通货紧缩在空间上能够并存，是基于它们不完全是货币现象，并且因为它们存在于不同的领域，而这两个领域受不同因素影响，关联度不紧密，或有时间距离。

（五）控制通货膨胀，要着力调控人们的预期

在当代，影响货币供给量的变数较多，对货币供给量的调控有其局限性，而利率的敏感度受正式制度和非正式制度的影响较大，调控利率的效应往往被若干因素抵消。在这种情况下，为了实现控制通货膨胀的最终目标，应着力调控人们的预期。

调控人们预期的方式，一是形势预测，二是政策导向。形势预测是给人们以信心，政策导向是满足人们的企盼。例如，党的十六大提出21世纪前20年全面建设小康社会，是旗帜鲜明的，在较长时间内能看得见、摸得着的形势预测。如果政策导向能调整人们的货币收入并在资本市场上让投资者分享经济增长的成果，则人们的信心提升，对通胀的承受力变强。

（六）要有效地发挥货币政策的作用，着力建立健全金融机构的治理结构

权责、风险、报酬的不对称，扭曲了金融机构的治理结构。金融机构的治理结构扭曲，导致货币当局的货币政策难以实现。因此，我们要有效地发挥货币政策的作用，着力建立健全金融机构的治理结构。

三、传统金融理论模式再认识

金融理论源于金融实践，是对金融实践活动的认识和升华。多少年来，在广大金融理论工作者和实务工作者的努力和推动下，形成了不少已被人们共同接受的金融理论模式，为推动和发展我国金融事业奠定了理论基础和技术准备。但时代的发展和金融活动的变迁，要求我们的认识与时俱进，需要我们再认识一些传统的金融

理论模式。下面提出几点可供探讨的问题：

（一）对“货币过多导致通货膨胀”的再认识

货币过多导致通货膨胀，这一理论假定的条件是：①以居民消费品价格水平变动为衡量通货膨胀的指标；②如果市场经济比较发达，则消费品的价格完全由供求关系决定；③在相当长的时期内，实体经济的增长和消费品的供给是既定的，由此形成货币供给过多；④过多的货币在考察期内都要进入流通，形成对消费品的需求。如果以上假定的条件不具备或不完全具备，则货币过多不会导致通货膨胀。

这些年来，我国社会主义市场经济体制建设有了很大的进展，绝大部分商品价格已由市场决定。在社会商品零售额中，由市场调节的部分占 95.8%。但能否说我国消费品的价格完全由供求双方决定呢？这恐怕还难以成立。因为：①在某些行业的一些商品中，还存在着价格垄断；②任意提价或任意降价的现象仍然存在；③批零差价、地区差价、季节差价等都受一定的限制；④政府会对特殊商品进行价格管制。由于这些因素的存在，可以说社会商品零售价格的市场调节，主要是供给方的调节，需求方在价格调节中的能量很小。

这些年来，在发展就是硬道理、发展是党执政兴国的第一要务的思想指导下，我国经济持续发展，消费品的供给总量增加、结构调整。在这种状况下，即使一定时期内货币供给过多，但供给过多的货币在较长时期内被经济增长“消化”以后，货币就不会多了。这就是说，货币供给的“多”与“不多”，从空间上说，不能只从某一领域（如消费品）的价格变动去考察，而要从全局即经济总体的角度去考察；从时间上说，不能在较短时期内（如一年）去考察，而要从较长时期（如五年）去考察。

过去的很多年中，我国货币供给持续增长，货币供给的速度大大超过了经济增长的速度。但增加供给的货币是否都进入流通领域并形成对消费品的需求呢？事实上并非如此，对此，有一定说服力的证据恐怕是恩格尔系数和边际储蓄倾向的变化。我国城镇和农村居民的恩格尔系数在 1990 年分别为 54.2%和 58.8%，而到 2001 年分别下降到 37.9%和 47.4%。恩格尔系数是购买食物的人均支出在消费总支出中所占的比重，它的下降表明在货币收入增加的同时，购买食物部分相对稳定，消费品需求很少增加。后来，我国城镇居民在货币收入增加的同时，边际储蓄倾向递增，储蓄存款逾 10 万亿元大关。这种状况有力地说明，增加的货币有相当部分未进入流通领域并形成对消费品的需求。

“货币过多导致通货膨胀”是一种理论抽象，理论抽象是建立在假定的条件完全具备的基础上的，如果条件不具备或不完全具备，则理论抽象的正确性会减弱。2000年左右，我国货币供给持续增长，而社会商品零售物价指数基本平稳，或相对走低。对以上情况进行分析无法得出“货币过多导致通货膨胀”的结论。这样，是否可以说我国的货币供给不多呢？如果就增长率来说，相对经济增长状况，相对历史状况，相对发达市场经济国家的状况，我国货币供给应当说是超常的、“够多”的。这种超常的、“够多”的状况表明：过多的货币供给不一定导致通货膨胀，而可能导致社会成员持有的金融资产增加。因为货币也是一种商品、一种资产，它相对其他商品来说，更具有权威性和普遍接受性；它相对其他资产来说，更具有流动性和增值性。2000年左右，我国金融机构贷款大量增加的同时，银行存款特别是储蓄存款也大量增加，这意味着什么？其传导机理和扩散效应值得从理论上再认识。

（二）对“物价上涨，货币贬值”的再认识

在货币作为价值符号流通的条件下，货币的价值通过单位货币的购买力表现出来。货币购买力是物价的倒数，因而物价上涨，单位货币购买到的商品量减少，货币贬值。但物价上涨的程度不等于货币贬值的程度，设物价上涨的程度为 $x\%$，货币的贬值程度为 $y\%$，则货币的贬值程度 $y\%=1-1/(1+x\%)$，如果物价上涨10%，

则货币贬值9.1%。也就是说在物价上涨前，单位货币的购买力是100%，而物价上涨10%以后，单位货币的购买力只相当于原来的91%，或者说少了9%。所以，那种认为物价上涨10%的同时货币贬值10%的看法是一种误导。

货币购买力有名义购买力与实际购买力之分。货币名义购买力是按商品的标价或协议价支付货币购买商品的能力。但在我国现阶段，人们购买商品除了按商品的标价或协议价支付货币外，往往还要额外支付代价，如介绍费、手续费和劳务费等。这些额外支付的代价有正常的，也有不正常的；有合理、合法的，也有不合理、不合法的。不管怎样，在交易中购买商品的额外付出，应当被纳入货币购买力考察。因此，货币的实际购买力会低于名义购买力。

在货币贬值的情况下，要使人们持有的货币总体购买力不变，可以有两种选择：一是增加人们的名义收入，如在货币贬值9.1%的情况下，增加10%的货币收入，人们持有的货币总体购买力不至于降低；二是名义收入不变，调整购买结构，因为能够购买来用于消费的消费品是多种多样的，其使用价值或效应是能够被替代或被转换的，人们购买消费品有广阔的选择空间。在货币收入不变的情况下调整消费结构，有选择地购买商品，使消费的使用价值或效应不至于降低，对于这种情况，我们可以说，尽管单位货币的购买力降低了，但货币收入的组合购买力没有降低。

不可否认，改革开放以来，物价水平有成倍的上升。但在物价水平成倍上升的同时，政府采取了各种措施增加人们的名义货币收入，以保障人们的总体购买力不降低。这种状况给我们提出了一个理论问题：在货币作为价值符号流通的条件下，如果人们的名义货币收入增长的幅度大于物价上涨的幅度，货币购买力是否降低了？对于这个问题的回答是：在物价上涨的情况下，单位货币的价值虽然降低了，但在名义货币收入增长的幅度大于物价上涨幅度的情况下，货币的总体购买力没有降低。单位货币购买力降低是货币的绝对贬值，货币名义收入的增长低于物价上涨是货币的相对贬值。货币的相对贬值能够用公式 $\frac{m+i}{p}<\frac{m}{p}$ 表示（$m+i$ 表示名义收入，$\frac{m+i}{p}$ 表示名义收入现值，$\frac{m}{p}$ 表示物价上涨条件下的货币价值）；如果，$\frac{m+i}{p}>\frac{m}{p}$，则货币相对升值。我国地域辽阔，各地经济发展不均衡，一些地区在改革开放政策的推动下，经济发展较快，物价也比其他地区高。仅就地区物价的差别来说，高物价地区的单位货币购买力低，低物价地区的单位货币购买力高。但如果把货币收入差距这一因素纳入，则收入高的地区，货币的总体购买力高。货币的总体购买力与货币的单位购买力不同，它是指这个地区流通中的货币量所能购买到的商品量。这表明：研究货币的购买力，必须把货币的总体购买力与货币的单位购买力区别开来；还得注意，在货币作为价值符号的条件下，只研究货币的单位购买力是不够的，甚至是无意义的。价值符号是数的符号，数的符号能够任意选择，构成若干比例，如 1∶2，2∶4，4∶8 等，但其值不变。

（三）对测定货币价值高低的再认识

长期以来，世界各国大都以消费者价格指数为测定货币价值高低的指标，发展中国家如此，发达的市场经济国家也不例外。在我国，用来测定货币价值高低的指数称为零售物价指数（RPI）；在美国，用来测定货币价值高低的指数称为消费者价格指数（CPI）。用这样的指标测定货币价值的高低，具有透明性、稳定性和社会性：对消费品的消费是人们生存的第一要素，与每个人的日常生活息息相关，货币价值，进一步说，象征了购买力水平，对每个家庭有直接的影响，所以非常透明；一般来说，CPI 的统计都排除了特殊性和季节性。比如美国在统计 CPI 时，必须把能源产品（如石油）和农业食品（如蔬菜）排除在外，因为前者常受人为因素的影响，后者受季节的影响，所以以在这个范围内（消费品）用这种方法（选择稳定的样本）求得的指数来测定货币价值，结果比较稳定。家庭生活状况，反映着人们的富裕程度和生活质量，而富裕程度和生活质量与家庭收入相关，家庭收入与从业和劳动力的价格相关。每个国家的政府都必须关注社会失业率，所以以 CPI 测定货币的价值具有社会性。

在货币已经不是单纯的媒介物，而是一种商品、一种资产的条件下，货币的价值必须综合实物资产的价格指数、消费品的价格指数、劳动力的价格指数、证券金融资产的价格指数、货币金融资产的价格指数来考虑。

实物资产的价格指数主要反映货币购买生产资料的能力，它是货币在投资领域的活动。这个层面上的币值关系着企业的成本、利润，关系着企业家的从业动力。在一国经济主要靠投资拉动的情况下，币值关系着货币资金的投向、投量。所以，怎么能够不把它纳入货币估价中呢？

消费品的价格指数反映货币购买消费品的能力，其意义正如前文所述。值得注意的是，当代人的消费观念在变化，消费领域在扩展，消费层次在提高。在这个领域怎样比较全面地反映货币的活动，我们需要关注。

劳动力的价格指数，反映货币购买劳动力的能力。在市场经济条件下，劳动力是商品、劳动的价格受劳动力供求的影响，同时也受货币价值的影响。在物价高的地区，由于货币的价值低，劳动力价格就相对高。在我国社会主义市场经济条件下，劳动力的价格已经不是马克思所说的用以维持劳动力生产和再生产的能力，而是包含着按劳分配的因素，币值的高低关系着贯彻按劳分配效果的好坏。所以，在测定币值时，不能忽视劳动力的价格指数。

证券金融资产的价格指数反映货币购买有价证券的能力。在买卖有价证券成为直接融资的主要手段，成为家庭资产选择的主要内容的情况下，证券金融资产的价格关系着投资的方向，关系着消费的“财富效应”。所以我们在测定币值时，必须考虑证券金融资产的价格指数。

货币金融资产的价格指数，反映货币作为商品的价格变动。货币商品的价格是利率、汇率，利率、汇率不仅与证券金融资产的价格密切相关，而且是货币资金和其他金融产品流动的指示器。把利率、汇率纳入货币价值的测定之中，也就是要高度重视货币的价值能通过货币的价格反映出来这一点。

把以上几个因素纳入货币价值的测定当中，在技术上可以采取统计消费者价格指数的办法，即选择若干样本，根据它们在经济活动总量中的比重平均加权，然后求得币值的变动。这样测定的货币价值是综合性的，而且是相对的。在当代，我们不仅要关注货币的绝对价值，更要关注货币的相对价值。

（四）对“货币供给增长率=经济增长率+物价上涨率”的再认识

在制订货币供给增长率的计划时，权威部门通常会使用“货币供给增长率=经济增长率+物价上涨率”这一公式。该公式的理论基础是货币流通规律即 $M=\frac{PQ}{V}$，或者 $M\times V=PQ$。该公式的基本含义是流通中的货币量等于商品价格总额，货币随商品进入流通领域而进入流通领域。有人从增量的角度将公式改变为

$$考察期的货币供给增长率=\frac{1+经济增长率}{1+货币流通速度变化率}-1$$

其经济含义是：“1+经济增长率”表示考察期商品供应量的变化；“1+货币流通速度变化率”表示考察期货币流通速度的变化；公式中分子除以分母表示随着经济增长，考察期货币供给量应当增长到的幅度。这个幅度减1，表示应当净增长的幅度。在实际中相关部门是否运用了这样的公式不得而知，但在制订货币供给增长幅度计划时，相关部门肯定是要以经济增长幅度、物价变动幅度以及货币流通速度为依据。20世纪90年代末至21世纪初，我国货币供给增长的速度持续大幅提升，有的年份超过了经济增长幅度的1倍，然而物价不仅未增

长，反而下降，物价变动的幅度为零甚至为负。这种状况，学术界和实务界曾经用“货币流通速度减慢”去解释，而货币流通速度减慢的原因，又用“经济货币化程度提高”去解释。其意思是说经济货币化程度的提高，使原来不是商品的东西现在成了商品，就业人员增加，货币流通环节增多，滞留的货币增多。做出这样的解释，其基本思想仍然是货币流通量决定于商品价格总额，货币随着商品进入流通领域而进入流通领域。进一步说，其实际含义仍然是货币供给的增长决定于实体经济的增长。

但是，丰富的社会实践使我们重新认识到：①货币随着商品进入流通领域而进入流通领域，隐含着商品进入流通领域在先，货币进入流通领域在后的意思。这样的假定是为了说明进入流通领域的货币是决定于商品价格总额，也就是指流通中的商品价格需要多少货币去实现，然后供给多少货币，是货币需求决定货币供给。但在实际中，商品进入流通领域与货币进入流通领域是相互交错的，而且进入流通领域的货币量与需要实现的商品价格量也是不相等的。在有的场合下是商品进入流通领域在先，货币进入流通领域在后，而在有的场合下则相反。这一点是马克思早就在他的著作中多次提出了的，我们不能机械地理解马克思解释的货币流通规律的公式。并且，在货币成为一种商品、一种资产的条件下，由于商品的普遍接受性和资产的增值性，在很大程度上是货币供给决定货币需求。②进入流通领域的商品，在总量和结构上都有很大的变化。例如土地原来不是商品，可是现在人们把它视同商品，大量买卖土地使用权；再如企业原来也不是商品，现在也成为商品，大量兼并重组。据原国土资源部的统计，到 2002 年底，全国累计收取的土地出让金达 7 300 多亿元，这应当是把土地作为商品买卖而增加供给的货币的一部分。所以，在过去不是商品，现在成为商品并大量交易的情况下，我们不能只通过实体经济增长去考察货币供给的增长。③增加供给的货币，有一部分作用于实体经济的商品流通，有一部分作用于证券金融资产的流通。凯恩斯在《货币论》中把作用于商品和劳务交换的货币称为"交易流通"，把作用于股票交易的货币称为"金融流通"。他还指出虽然整个货币供给没有变化，但作用于"交易流通"的货币其中有一部分已转化为作用于"金融流通"的货币。凯恩斯的论述表明：流通中的货币需要分为若干部分，作用于不同的领域，而且作用于不同领域的货币是相互转化的。所以，我们不能仅仅以"商品和劳务"的交换来看待货币的需求从而考察货币供给。货币需求发生变化，货币供给也必定发生变化。④结合我国的现实，过去一段时间内，引起货币需求变化的不仅有原来不是商品的东西现在作为商品买卖，还有货币金融资产持有的增加，及证券金融资产交易的扩大。货币是一种商品，利率和汇率是这种商品的价格，人们能够基于利率和汇率的变动在市场上通过不同种类的货币兑换使货币金融资产保值、增值，这也就是人们通常说的“套利”“套汇”。基于以上的分析，笔者认为，仍然以“货币流通速度减慢”去解释我国货币供给增长速度大大高于经济增长速度的情况，是一种误导。按照马克思主义经典作家的解释，货币流通速度反映商品流通的速度，这是就媒介商品交易中的那一部分货币及媒介商品交换的次数而言。如果金融机构供给的货币有的作用于“交易流通”，有的作用于“金融流通”，还有相当大的一部分货币，本身就作为商品从事“套利”“套汇”活动，那么依照上述公式去认识货币供给的增长，就严重地背离实际。理论来源于实践，要靠实践检验，面对丰富的实践经验，我们不能始终拘泥于僵化的公式。

四、对金融机构性质的再认识

通常来说金融机构就是融通资金的机构，其实不少金融机构不仅在融资，而且在投资。融资与投资在实际工作中似乎难以划分清楚，但在理论上应当是清楚的：一般来说，融资是将储蓄转化为投资的行为（双向），投资是通过资金运用取得回报的行为（单向）。在计算现金流量时，融资、投资又有了另一种解释：融资活动主要影响企业的负债，增加负债减少资产（如现金支出），如发行股票、债券、向银行借款；投资活动主要是影响企业的资产，使资产增减，如企业收回投资，减少一种资产，增加另一种资产，购置、处置各种资产。此外，经营活动如销售商品、提供劳务也会产生现金流量。这样划分的意义在于通过经营活动的现金流量，反映现金业务的发展状况；通过投资活动的现金流量，反映未来业务的发展状况；通过融资活动的现金流量，反映负债规模。

在现实生活中，金融机构有多种类型。我国把金融业划分为四大类，即银行、保险、证券、信托，这是按业务活动的特征进行的大致划分，未纳入所有的金融机构。如果要把所有的金融机构包括在内，则有直接从事融资、投资的金融机构，如商业银行、保险公司、证券公司、基金公司、财务公司、租赁公司、典当行等；也有间接从事融资、投资的金融机构，如信用评估公司、信贷担保公司以及专业的会计师事务所、审计师事务所、律师事务所等。这些机构按其功能可分为：投资经营型金融机构、经纪服务型金融机构、公证仲裁型金融机构、社会保障型金融机构。一个金融机构可能只具有单一的功能，也可能具有多种功能，如商业银行和信托公司，既能融资，又能投资，还提供各种金融服务；再如证券公司，有的只能从事经纪业务，即只能替客户买卖证券，有的除能从事经纪业务外，还能从事自营业务，即进行投资。在这种情况下，怎样给金融中介定义？中介者，居间也；居间者，媒质也；媒质者，助也。如果这样定义，则严格地说，金融中介机构应当是从事融资活动和提供各种金融服务的金融机构。这就是说从事金融投资活动的机构不具有“中介”的性质，它们应当是金融经营机构，准确地说，是经营金融商品的机构。如果把经营金融商品的机构也包括在金融中介机构中，则构成广义的金融中介机构。

在一些文献中，有人把金融中介与金融中介机构等同起来，认为金融中介就是指金融中介机构。其实，这是一种大致的说法，严格地说，这二者的含义是不同的。广义地说，金融中介是指融资、投资的媒介活动；金融中介机构是指从事这种活动所形成的组织。形成了组织，从事融资、投资的媒介活动，是金融中介；没有形成组织，仍从事融资、投资活动，也是金融中介。所以，金融中介与金融中介机构的含义是不同的。在浙江一带的农村有一种被称为“银背”的个人，这种人一般在当地有较高威望和社会地位，有钱、有势，在民间信贷中充当掮客，即吸收一部分人的存款，向另一部分人发放贷款，这是一些地区民间广泛存在的能够被人们认可的金融中介活动。

这就是说，金融机构、狭义的金融中介机构、金融中介是不能完全等同的。做出这样的区分，有利于确认它们的不同性质，考察它们的特殊供求，制定对它们区别对待的政策，选择适合它们的不同的管理方式。

五、对戈德史密斯的计算公式 M2/GDP 的评价——对 FIR 的再认识

在研究金融和经济的关系时，学者常用美国经济学家雷蒙德·W. 戈德史密斯（Raymond. W. Goldsmith）提出的 FIR（金融相关率）去说明经济货币化的程度，而且将 FIR 的计算公式表述为 M2（广义货币）/GDP。以这一公式计算，得出的几个结果是：我国金融相关率 1978 年为 0.49，1993 年为 1.48，而到 2002 年为 1.80。这就是说，改革开放以来我国金融相关率有快速的提高。这大大超过了西方发达市场经济国家（据报道，1992 年美国金融相关率为 0.59，英国为 1.04，日本为 1.14，德国为 0.7），也大大超过了一些新兴市场经济国家（据报道，1992 年韩国金融相关率为 0.44，印尼为 0.46）。这样，就给人们提出了一个值得思考的问题，即我国经济货币化程度已大大高于西方发达市场经济国家和一些新兴市场经济国家了吗？这恐怕在理论上难以自圆其说，也不符合中国的实际。那怎样来解释这种状况呢？

要回答这一问题，必须从戈德史密斯提出的 FIR 的含义说起。

戈德史密斯出生于比利时，在柏林大学学习哲学，毕业后在德国先后从事统计和金融研究工作。1934 年他迁居美国，在从事了一段时间证券交易委员会的工作后，任美国耶鲁大学经济学教授。凭借多年的金融研究与实践，他提出了一个观点：金融理论的职责就在于找出决定一国金融结构、金融工具存量和金融交易流量的主要经济因素，并阐明这些因素怎样通过相互作用，从而形成金融发展。他认为一个国家金融发展的状况要以金融机构和金融工具共同决定的金融结构去衡量。金融结构是一国的金融上层结构，而一国的经济基础结构体现在拥有的国民财富中，金融上层结构与经济基础结构的关系体现在金融相关率上。他还设计出金融相关率的基本公式。按戈德史密斯的设计，有时期 FIR 和时点 FIR。时期 FIR 表示的是，在相当长的时期内，金融工具存量的市场价值 F_t 与在 t 日期上国民财富的市场价值 W_t 的比例关系（F_t / W_t）。同时他认为时期 FIR 受七个重要经济变量的影响，由于时期长（至少 50 年，最好是 100 年）难以找到统计数据，因而比较好考察的是时点 FIR。时点 FIR 表示的是，在一定时点上金融工具存量的市场价值 E_t 与在 t 时点上国民财富的市场价值 W_t 的比例关系（E_t / W_t）。时期量能转化为时点量，所以从存量上看，这二者没有多大差距，但时期FIR强调的是一个平均数。必须指出，在戈德史密斯的另一些著述中又把FIR（不分时点或时期）表述为“某一时期一国全部金融工具的市场总值除以该国有形国民财富总值”或“某一时点上现存金融资产总额（含有重复计算部分）与国民财富，即实物资产总额与对外净资产的和之比”。所以，重要的不是公式本身，而在于公式的经济意义。

首先，FIR要表达的是在市场经济条件下融资的市场化程度。也就是说，通过FIR考察当家庭、企业、政府的资金短缺时，其在多大程度上需要外部融资，在多大程度上要靠内部融资。外部融资靠发行债券和银行借款，如发行债券和银行借款占经济总产值的比率越高，表明储蓄与投资的分离程度越显著；这二者分离程度越显著，反映出融资的市场化程度越高。市场化与货币化紧密相连，经济货币化程度意味着实体经济与货币经济的关联程度和对市场的依存度，所以经济货币化的金融解释，其含义应当是融资的市场化。而融资市场化的程度反映金融业的发展。所以，FIR与其说是表明经济货币化的程度，不如说是表明金融业的发展程度。经济的发展与融资的市场化相关。

其次，FIR要表述的是在市场经济条件下，经济的发展与金融资产的市场价值相关，金融资产的市场价值决定于供求，而供求很大程度上取决于利率。当金融资产的市场价值上涨时，意味着利率下跌，这有利于投资，投资扩大使经济总产值增长；相反，当利率上升时，金融资产市场价值下跌，这不利于投资，投资的缩减使经济总产值降低。所以，概括地说，这种相关性是：资产价格—利率—投资—经济这组经济变量的互动。在市场经济条件下，经济变量的互动（包括金融资产的市场价值）取决于人们的心理预期。从这个意义上说，FIR 反映了人们心理预期的变动；比例趋高，反映人们的心理预期“利好”，金融工具作用于有形财富的力度增大；相反，力度减小。可以说，FIR 是人们的一个信心指数。

基于以上认识，能不能以 M2/GDP 去替代 FIR，并以此分析问题呢？不能说完全不可以，但至少有以下问题值得思考：①M2 能替代主要的金融资产的市场价值吗？不言而喻，M2 不仅包括不了所有的金融资产（在金融资产中还有各种有价证券，这是戈德史密斯讨论的着力点），而且不能反映金融资产的市场价值。②总体来说，M2 所包含的都是金融工具，既有作用于企业性行为的金融工具，又有作用于家庭性行为的金融工具。但我们要知道，戈德史密斯在解释 FIR 公式分子的“金融工具”时，是把一部分金融工具排除在外的，如非股份企业的所有权凭证。为什么要排除在外？戈德史密斯的解释是，“首先是因为在概念上难以将合伙企业和个体企业的企业性行为与其所有者的家庭性行为区分开；其次是由于在实践中有关非股份工商企业的资产与负债的统计资料几乎无法找到”。由此可见，按照戈德史密斯的视角，作用于家庭性行为的金融工具是不需要纳入FIR公式的分子中的。因为作用于家庭性行为的金融工具尽管也是一种金融资产，但是它是被作为纯粹的金融媒介来看待的，不会被作为证券性金融资产来看待，一般也没有市场价值。这么一来，如果以M2取代FIR公式的分子，就会纳入不当纳入的部分，从而增大分子量。③M2是金融机构的负债，与它对立的是金融机构的资产。一个国家的各种有价债券，站在金融机构的角度，是统计金融资产量所需要的，但难以用M2即货币供给量去考察一个国家金融业发展的程度（包括结构和规模）。④在利率未市场化或利率市场化程度不高的条件下，银行贷款的增减并不反映利率的变动。并且，利率的变与不变，在很大程度上也不反映投资的增减。可以说，在我国，储蓄转化为投资，不以利率变动为中介，也不以金融资产价格变动为中介。基于这些认识，我们可以说，在我国，M2的变动与GDP的变动的相关性很弱，因为M2中相当一部分并不置于市场之中，缺乏流动性。⑤GDP是一定时期的经济流量，它不能反映一定时点上的实物资产存量。按戈德史密斯的设计，在国民财富中还包括对外的净资产，而GDP中显然不包括这一点。所以，M2/GDP这一公式究竟能说明什么经济含义，不能说明什么经济含义，很值得研究。在笔者看来，它只能说明M2和GDP二者的协调发展程度，不能说明经济货币化的程度。

在当代，金融业日益成为一个独立的产业，金融活动绝不仅仅是融资，更重要的是金融商品的供给与需求。在社会经济发展中，金融商品的供给与需求是独立的，它能够不依存于实体经济。目前已出现的大量丰富的金融活动，促使我们再认识什么是金融。

六、传统的观念与现实的距离

（1）传统观念认为，经济决定金融，金融反作用于经济。但在当代，金融是现代经济的核心，金融对经济的发展起着先导作用，金融是现代经济的重要组成部分，金融业是第三产业。

（2）传统观念认为，应以间接融资为主、直接融资为辅。但在当代，间接融资与直接融资交互融合，间接融资为直接融资服务。

（3）传统观念认为，金融就是融通资金。但在当代，金融不仅融通资金，而且提供服务和金融商品让人们消费（提供的是公共产品）（见前文所述）。

（4）传统观念认为，金融媒介储蓄转化为投资。但在当代，金融不仅媒介储蓄转化为投资，而且作用于金融资产的选择。

（5）传统观念认为，金融机构“自己找钱，自己用”，如自己从资金盈余那里拉存款。但在当代，金融机构不完全是“自己找钱，自己用”，而且“别人找钱，给我用”。此外还有，银行找钱，财政用。

参考文献：

[1] 马克思，恩格斯. 马克思恩格斯全集：第四十九卷 [M]. 北京：人民出版社，1982.

[2] 伊特韦尔，米尔盖特，纽曼. 新帕尔格雷夫经济学大辞典：第二卷：E-J [M]. 陈岱孙，编译. 北京：经济科学出版社，1996.

[3] 博迪，默顿，克利顿. 金融学：第二版（英文）[M]. 北京：中国人民大学出版社，2011.

[4] 戈德史密斯. 金融结构与发展 [M]. 周朔，等译. 上海：生活·读书·新知三联书店上海分店，1990.

[5] 曾康霖. 传统金融理论模式的再认识：金融与实体经济分离的初步分析 [J]. 经济学家，2004（3）：91-98.

[6] 曾康霖，虞群娥. 论金融理论的创新 [J]. 金融理论与实践，2001（6）：3-5.

第三章　货币需求

一、货币需求的各种理论[①]

（一）马克思货币资本“第一推动力”和“持续推动力”理论

马克思在吸收和批判古典经济学理论的基础上，科学地分析和考察了货币的起源和本质问题，解开了“货币之谜”。他在分析货币的属性和职能的基础上，通过分析资本的循环和周转理论，阐明了他的货币资本的“第一推动力”和“持续推动力”理论。

马克思认为，商品生产以商品流通为前提，而商品流通又以货币流通为前提，货币服务于商品流通的过程。在一定的条件下，货币就有可能转化为资本。货币转化为资本，以预付的形式出现，去购来生产商品所需要的劳动工具、劳动对象和劳动力。商品生产，都要求将货币形式的

① 本部分内容主要参考了赵怡《金融与经济发展理论综述》。赵怡. 金融与经济发展理论综述［J］. 经济问题，2006（2）：56-58.

资本或货币资本作为新开办企业的前提条件。因此，马克思在此意义上，将货币资本称作“第一推动力”。

同时，资本循环的公式为 G-W-… W′-G′，它要求资本在货币资本、生产资本、商品资本三种形式上具有空间上的并存性和时间上的继起性。也就是说，资本循环要正常进行，必须使单个的产业资本同时处在所有的三种形态上。同时，资本的每个不同的部分能够依次经过相继进行的各个循环阶段，从一个阶段转到另一阶段，从一种职能形式转为另一种职能形式。这样不断地从货币资本出发，通过生产过程和流通过程，最终以增值的形式还原为货币资本形式，持续推动资本循环过程的正常进行，形成货币资本的“持续推动力”。

正是在上述两个方面，马克思强调了货币资本的作用，他指出，“它是每个单个资本登上舞台，作为资本开始它的过程的形式。因此，它表现为发动整个过程的第一推动力”①。

（二）维克塞尔的“累积过程理论”

维克塞尔作为瑞典学派的先驱，他在将货币发挥作用的领域由流通领域拓展向生产领域的过程中，分析了货币的价值尺度职能、贮藏手段职能、支付手段职能和

① 马克思，恩格斯. 马克思恩格斯选集：第二卷［M］. 北京：人民出版社，2012：383.

在交易媒介中的职能，并分析了诸项职能在经济活动中的作用，将货币理论与经济理论联系起来，建立起统一的货币经济理论。

维克塞尔通过对利率和物价及经济变动的关系的研究，提出了著名的累积过程理论。他通过分析货币利息率（指借贷资本的利息以货币形式来表现的利息率）同自然利息率（指假定在没有货币参加的实物经济中，借贷资本的储蓄与需要相一致时的利息率）的背离与均衡变动，通过研究储蓄、投资对价格变动的影响，提出“利率是价格的调节者”的观点。当货币利率低于自然利率时，企业扩大生产便引起生产要素价格和消费品价格上涨，而且这种上涨还不是一次性的而是累积的，直到自然利率与货币利率相等。当货币利率高于自然利率，则会引起相反的累积过程。只有在自然利率与货币利率相一致时，物价水平才会保持稳定。维克塞尔通过累积过程理论，指出货币数量变动通过利率对实际经济活动和价格产生影响。

（三）凯恩斯的流动偏好理论

凯恩斯在吸收维克塞尔货币理论的基础上，发展和提出了自己的货币理论。他认为储蓄是指收入中未用于消费的部分，它可以是银行存款的方式，也可以是居民手中持有的现金形式。但以现金形式持有的储蓄并不能给其持有者带来利息收入，只有不以现金方式持有的储蓄方有利息收入。因此，利息是放弃流动性的报酬，是不贮钱的报酬，而不是储蓄的报酬。他认为利率作为一种尺度，可以衡量货币持有者不愿意放弃流动偏好的程度，而流动偏好是指公众愿意用货币形式持有收入和财富的欲望和心理，它由交易动机、谨慎动机和投机动机构成。出于交易动机和谨慎动机的货币需求，主要取决于经济活动水平所引致的收入状况，与利率变动不太敏感。而出于投机动机的货币需求，则对利率非常敏感，受利率的影响。包括投机动机在内的货币需求函数是凯恩斯货币需求理论的一大创新。

在提出货币需求理论的同时，凯恩斯认为，货币供给是由中央银行决定的，可以当作外在变量来对待，货币供求的均衡决定利率水平。中央银行通过调控货币供应量来调控利率，而利率的变化又会影响到投资水平，进而影响到有效需求。这样，可以熨平投资的不规则波动，实现经济的稳定运行和充分就业。

凯恩斯的流动偏好理论认为，货币当局应当采取有管理属性的货币政策，增加货币供给来降低利率，刺激投资。但是在萧条时期，货币政策的作用是有限的，因此，仅靠货币政策不足以刺激有效需求、消除失业和萧条，此时最重要的还是财政政策。财政政策即通过利用财政的直接投资，启动有效需求，从而达到摆脱萧条、实现充分就业的目的。

（四）弗里德曼的现代货币数量论

弗里德曼 1956 年发表的论文《货币数量论——一个重新表述》，复活了传统的货币数量论。弗里德曼在他的论文中将货币数量学说解释为货币需求学说。他指出，货币数量论不是产出学说，也不是货币收入学说或价格水平学说。从货币需求角度进行分析，表明弗里德曼的现代货币数量论不仅受到传统货币数量论的启发，而且还受到凯恩斯对货币的流动性分析的影响。

现代货币数量论把货币看作一种资产，认为货币仅是人们保持财富的一种方式，因此，货币需求基本上可以看作受总财富和各种不同形式财富报酬的影响的函数。弗里德曼通过引入永久性收入的概念进行实证分析，得出结论：货币需求是少数几个可以观察到的变量的稳定函数，在这些变量中，永久收入最为重要，利率没有被看作货币需求的重要的决定因素。这样便得到货币需求由收入决定的传统货币数量论的观点，从而复活了传统的货币数量论。在论证了货币需求函数具有稳定性的基础上，弗里德曼进一步指出，货币的供给是外在地由货币当局决定的。由于经济运行本身具有内在的稳定性，他据此认为，经济的波动往往都是由于货币当局过于“灵活”的货币波动的结果。货币最为重要，所以货币政策应该防止货币本身成为经济动乱的主要来源。他要求通过制定货币供给的“单一规则”，以固定的事先确定的比率供给货币，来防止联邦储备银行成为干扰经济的来源，并以此为经济的发展提供一个稳定的环境。弗里德曼认为，货币稳定的增长率，将为企业基本力量的有效运行提供有利的货币气候，通过这些基本力量，包括独创性、发明、勤奋工作和节俭，真正地促进经济的稳定增长。

（五）金融深化论

在20世纪60年代以前，传统的金融理论多是以发达国家的金融状况为研究对象，而且在分析中所采用的方法是货币分析方法，即这些金融理论局限于货币理论，相应的金融机构理论也局限于银行理论。这种金融理论研究状况，远远不能适应金融发展的需求。在这样的背景下，美国经济学家罗纳德·麦金农和爱德华·肖在1973年分别出版了《经济发展中的货币与资本》和《经济发展中的金融深化》两部著作。两人都以发展中国家的货币金融问题为研究对象，分别从“金融抑制”和“金融深化”的角度，对发展中国家金融发展与经济增长的辩证关系进行了开拓性的研究，在反思传统金融理论的基础上，详细地分析了发展中国家货币金融的特殊性，提出了发展中国家实行金融深化战略的政策主张。人们将他们两人的理论称作“金融深化论”。

麦金农和肖认为，传统的金融理论是以发达国家的经济为基础，建立在特定条件之上的：一是有健全的市场机制并能正常运行，市场化程度高；二是投资具有不变的规模报酬，即投资不论其规模大小均有收益，技术革新和投资是可以分割和渐进的，投入和产出也是完全可分的；三是投资主要依赖外源型融资，即依靠金融机构放款或在资本市场发行证券来筹集所需资本。但在发展中国家，这些条件很难满足。发展中国家的普遍情况是低储蓄→低投资→低产出→低收入→低储蓄，形成了“贫困陷阱”。因此，摆脱贫困、促使经济发展的合理选择是金融深化。

（六）金融约束

20 世纪 90 年代中期以来，理论界在反思金融抑制、金融深化以及金融自由化的过程中，特别重视研究日本以及东南亚新兴市场经济国家的经济发展与金融的关系。许多学者认为，对发展中经济体或转型经济体而言，金融抑制将导致经济发展的停滞和落后，而推行金融自由化和金融深化，则受到客观条件制约，很难收到预期效果，甚至可能会导致金融动荡，因此有必要走出另一条道路。这便是由赫尔曼、穆尔多克和斯蒂格利兹等人提出的“金融约束”理论。

赫尔曼等人同时区分了“金融抑制”与“金融约束”的不同。以利率指标为例，金融抑制不仅表现为利率偏低，而且表现为实际利率低，特别是在通货膨胀时期，这样使得整体上的储蓄率降低，而且负的存款利率带来了从民间部门向政府部门的财富转移，即低利率所形成的租金由政府部门攫取，并随意分配的现象。金融约束虽然也表现为较低的利率，但一般要保证实际利率为正，这是金融抑制与金融约束在实际利率量上的区别。而且，在金融约束下，低于市场均衡利率所产生的租金，政府并不占有，而是在金融部门和生产部门之间根据政府制定的规则进行分割。在金融部门内部，生产部门内部微观主体对租金的占有则符合市场机制，即竞争获得。这样，在金融约束的情况下，政府可以在不损害微观经济主体市场化行为的前提下，通过设租形式，诱使微观主体采取符合政府意愿的行为，在保证微观效率的同时，进行政府干预。同时，这样利用租金，有利于保证存款的安全性和提高中介机构的效率，并解决市场失灵问题。

所以，对发展中国家来说，金融约束可以成为国家在保证市场效率的前提下，干预经济的手段。而且与过度金融自由化所带来的消极影响相比较，金融约束在一定程度上是与金融渐进式改革相适应的，是摆脱金融抑制、走向金融深化的必由之路。

（七）总结

关于金融在经济发展中的作用，大体上存在三种观点：一是金融绝对地决定于经济，而金融本身对经济几乎没有一点作用；二是金融决定于经济，但金融在一定程度、一定条件下反作用于经济；三是承认经济是决定金融发展的基本要素，但同时，一国的金融发展程度实质上决定了一国的经济发展程度。

但是，自20世纪七八十年代的金融创新和金融自由化运动以来，特别是非银行金融机构的迅速发展，金融发展与经济增长的关系似乎正发生或将要发生某种程度的变化。传统的经济增长主要靠项目，靠实物资源、技术进步；现代经济增长则在很大程度上依赖于金融的发展程度，要靠实物资源的开发和技术进步，更要靠金融资源的开发利用。传统的金融交易都是以实质商品的交易为基础，以实现商品的价值补偿和实物替换为己任的；而现代金融交易中的相当一部分则与实质商品交易无直接关系，金融交易的规模、结构，以及对整个社会经济的影响力等，都远远超过实质商品交易。传统上，衡量一国经济发展程度的重要指标是工业化程度，特别是制造业的发达程度，把各国划分为工业化国家和非工业化国家；但现在，新兴产业和金融业的发展程度已成为经济发达程度的重要衡量指标。金融业以上几个方面的巨大变化，客观上需要我们重新认识金融在经济发展中的地位。

当然，我们也应该看到，金融的发展并不能完全脱离实体经济的发展而一枝独秀，二者的发展总是相辅相成的：如果金融经济的发展过分超前于实体经济的发展，经济发展中的金融泡沫就会破灭，金融危机就难以避免；相反，如果金融经济的发展过分落后于实体经济的发展，没有金融泡沫，则经济发展必然受阻，停留在较低的发展水平上。因此，研究金融及金融体系，维持一个健全而运行良好的金融体系，是发展中国家发展经济的一个重要课题。

二、金融需求的抽象分析、具体表现和当代发展

（一）社会成员金融需求的抽象分析

1. 实现价值的需要

在这里，实现价值的需要不是指将商品转化为货币，而是指满足人们的偏好。曾康霖等主编的《百年中国金融思想学说史》一书讲到了四个“通过”，阐明了实现价值的需要是指，实现人的追求，以人的行为为出发点，以行为要实现的目标为判断自己价值实现的尺度；特别是强调了当代金融业的发展，强化着人们实现

价值的需要，这样就把金融业的发展与人们的价值观联系起来了。

2. 融通资金的需要

社会资金的融通，是通过机构还是通过市场，取决于效率与成本，而效率与成本同信息相关。在这里，机构不仅是银行，还有其他（如信托）机构。而且，通过机构，不一定就是间接融资。通过市场是指通过买卖证券，而通过买卖证券也不一定是直接融资。比如卖出一种证券，买入一种证券，这纯粹是买卖金融商品，进行资产的重新组合，谈不上资金的融入或融出。

所以，在这里讨论融通资金的需要，不能仅限于调剂余缺，更深层的含义是资产组合。

3. 信用消费的需要

人们为了提高生活的质量，需要信用消费。

信用消费是负债消费。负债意味着预期、超前，对未来有信心，能以小博大等。所以信用消费是一种“创新消费”。只有创新，生活质量才能提高。（这不是说，只有负债，生活质量才能提高。）

4. 信用保证的需要

金融机构有一定的信誉、实力，金融机构的信用保证意味着社会认同和信任。

金融机构不只是提供资金，而且能提供被社会认同、信任的标的物。比如无形资产，也就是提供信用保证。

5. 保存价值的需要

因为资产的价值与利率成反比，所以要保管财物、稳定币值、稳定利率。

（二）社会成员金融需求的具体表现

1. 需要金融来进行资产组合，适应个别的资产调整

过大江在（全美）中国金融学会（TCFA）第九届年会上提出，中国应引入结构性金融工具，即具有“搭档组合”性质的金融工具。这种金融工具通过搭配、组合，提高效率，降低成本，增进收益。

例如：

（1）贷款担保债券。这是指银行以自己的信用作担保为企业发行债券。这样可降低发行者的融资成本（不需要信用评估，利用分支机构销售），可提高投资者的收益（如果企业到期无法偿还债务，就由银行负责偿还），银行可避免直接承担贷款风险。银行充当“担保”角色，这是中间业务，不是资产业务。

（2）有抵押的资产组合，把不同类型、不同收益、不同风险的证券组合起来形成一种资产，然后以这一“证券组合”作为抵押，发行新的证券。这实际上是以一组“证券组合”为担保衍生出另一种证券。

2. 需要金融机构提供产品，适应人们的消费

“金融消费”这个概念怎么界定，与金融投资怎么

区别开来？笔者在《金融时报》上提过，金融消费是享受金融服务、购买金融公共产品的行为。问题是在众多的金融产品中，哪些产品具有“公共产品”的性质，哪些是“非公共产品”。按西方经济学的定义，公共产品不具有排他性，某人对它消费的增加不使别人对它的消费减少；增加对它的消费，不增加它的供给成本。金融消费所对应的产品，在人们的经济生活中具有经常性；人们离不开这种产品，它又具有连续性，如信用卡。

3. 信用保证，需要有实力雄厚、信誉卓著的金融机构出面，来促进契约关系的建立

信用保证包含社会认同和信任。一些大型项目，不是要金融机构的贷款、资金，而是需要其品牌。据说香港海底隧道的修建，便由某家金融机构担保。

总之，研究金融在推动经济特别是社会发展中的地位和作用，以及金融在维护人类权利中的地位和作用，是探索社会成员金融需要的新视角。

（三）当代人金融需要的发展

这需要从金融机构业务创新说起。

现有的金融机构业务创新：①买卖债权；②替人理财；③代人收债；④信用保证；⑤受托贷款；⑥提供信息；⑦策划方案。

分析这些业务适应了哪些金融需求，需要分析金融

机构为顾客提供了什么，做出了什么承诺。

从供给、承诺去考察人们的金融需求：

①买卖债权——银行创造了一种资产并把它推向市场作为商品买卖；

②替人理财、策划方案——提供决策智慧；

③代人收债——承诺替客户承担风险；

④信用保证——承诺替客户提供信用支撑；

⑤受托贷款——体现银行的公证、媒介和保护作用。为什么一些企业，总公司对子公司融资要银行出面？这是按程序操作，增加透明度；求得法规保护，合规融资。

金融机构提供这些供给和承诺，表明它已经不仅是融通资金、支付清算的机构，而是一种具有广泛社会性质的决策机构、承担风险的机构、信用支撑机构、提供公共产品的机构、提供信息的机构。换句话说，当代人需要金融机构在提供决策、承担风险、信用支撑、提供公共产品、提供信息等方面的服务①。

当代一些金融机构，提供金融商品，维护人的权利，提高某些人的地位，如香港花旗银行提供大来信用卡等。

---

① 西南财经大学中国金融研究中心调研组．金融需求与供给互动研究：对我国部分地区商业银行金融创新的考察［J］．金融研究，2003（6）：64-74.

三、社会发展与金融定位

不论在发达国家，还是在发展中国家，中小企业总是占绝大多数（在企业总数中占有99%以上）。中小企业是社会就业的命脉，国外如此，我国也不例外。有一个指标用来衡量社会就业的程度，即每千人口中有多少中小企业。据统计，在市场经济成熟的国家，每千人口中，中小企业的数量平均为40~55个，劳动力在中小企业就业所占的比例为65%~80%。社会矛盾的主要方面在于就业，人们只有安居乐业，社会才能发展。而就业的载体主要是中小企业，支持中小企业发展是金融的社会定位。

2007年左右，在我国，每一千人拥有的中小企业：上海为12.4个；北京为9.32个；天津为5.7个；浙江为5.4个；江苏为3.7个；广东为3.3个。其余省份都在3个以下，贵州、云南、广西最低（1.5个）。

从事第二、三产业的个体经营户，最多的地区是浙江，每千人达到58.5户；最少的地区是贵州，每千人为19户。

实际情况表明，中小企业多和个体经济发达的地区，就业率高，经济发达；相反，中小企业少和个体经济不发达的地区，就业率低，经济欠发达。

中央统战部的一份报告显示：21世纪前十年个体、私营企业平均每年新增就业岗位600万个，约占同期城镇新增就业岗位的3/4。在我国7亿多就业者中，非公有制经济吸纳的就业量（含农业劳动力）就占到90%以上。如果不含农业劳动力，吸纳的就业量为1.9亿人，占全社会就业总量的26%。

要推动社会进步，就必须维护社会稳定；要维护社会稳定，就必须增加就业；要增加就业，就必须始终全力支持中小企业、个体经济的发展。所以，社会进步—社会稳定—增加就业—支持中小企业、个体经济的发展，是社会发展与金融定位不可回避的主题。

但据报道，21世纪前十年中，中小企业和个体户不仅发育不良，而且有许多都陷入倒闭、萎缩的境地。中央党校周天勇的调研报告说，2005年全国倒闭企业达30万家，1994年到2004年的十年间有770万个体户消失（据《瞭望东方周刊》的周丽娜文章）。什么原因？主要在于展业难和创业难。展业难是指生意不好做，资源有限，税收、费用等成本高，一些地方缺少好的营商环境；创业难是指准入的门槛高，注册一个公司时间长、费用高。

四、金融与经济发展理论综述

在人们的传统观念中，金融与经济一直是两个虽相互联系但又相对独立的体系和范畴。然而，第二次世界大战以后尤其是进入20世纪90年代以来，金融与经济共同发展以及相互融合的过程和趋势表明，这两个体系的范畴越来越难以严格区分，二者的联系越来越紧密，相互作用和相互影响越来越大。金融与经济越来越密不可分，日益相互融合，金融成为经济的核心。所有这一切都要求人们重新认识金融的本质、金融与经济的关系。基于此，下面着重对金融与经济之间关系的理论研究进行分析。

（一）经济学“二分法”与货币面纱论

早期的经济学家在研究经济问题时，往往将商品交换相关的价值决定理论与货币理论截然分开。他们认为，商品的价格由商品的供求情况来决定，商品之间的比价关系即商品的相对价格决定着商品的生产、分配、交换等，而商品的绝对价格水平是由货币数量所决定的。这样，就将绝对价格水平和商品市场供求完全分开，将价值理论与价格理论（也称“货币理论”）完全分开，理论界将这种研究方法称为“二分法”。

根据“二分法”，经济活动本身是不受货币因素影响的。货币在经济中的作用仅是商品流通的媒介，它既不对经济产生正面影响，也不产生负面影响，它是经济中的中立因素，是罩在实物经济运行上的一层“面纱”。货币数量的变化只是引起商品价格水平的成比例的变化，而不影响商品之间的比价关系。在社会经济中，货币从本质上来说是毫无意义的，它的意义只是在于它具有节省时间和劳动的特性①。

（二）对金融是现代经济的核心的理解

在把金融看作现代经济的核心的理论中，金融具有凝聚力、辐射力、调控力。

1. 凝聚力

这是指财富的创造、继承和发展以金融为依托。金融的凝聚力体现为经济运行依托金融运行：

（1）金融是经济体系运行的信息中枢。

（2）经济运行的载体是各种金融工具。

（3）金融管理部门是经济运行的调控中心。

2. 辐射力

这是指现代经济的发展和社会进步靠金融推动。

金融这个核心的辐射具有迅速集中、曲折多变、灵敏度高，连带性强等特点：

---

① 赵怡. 金融与经济发展理论综述［J］. 经济问题，2006（2）：56-58.

（1）迅速集中，能在承担负债的同时，迅速集中占有大量资产。

（2）曲折多变，对资产价值的影响变动频繁。

（3）灵敏度高，市场对金融变量、金融信息的反应敏捷。

（4）连带性强，能形成债权债务关系链。

3. 调控力

这是指经济的冷热、供给、需求靠金融平衡。

（1）核心，不仅是对金融的地位和作用的总体评价，而且是对它的运作机制、发展变化的高度概括。金融产业是国民经济的核心，不是指某一个机构是经济的核心。

（2）对于金融是核心这一点，既要从静态去理解，又要从动态去理解。从静态去理解，金融是国民经济机体的要害部位；从动态去理解，金融是国民经济运行的动力源泉，也是经济运作机制的出发点和归宿。

（3）对于金融是核心这一点，既要从积极方面去理解，又要从消极方面去理解。从积极方面理解，金融能使人发财致富，推动经济发展和社会的稳定、进步；从消极方面理解，金融能使人破产倒闭，能使经济萎缩、社会倒退。

（三）对金融与经济的关系必须辩证地理解

研究金融与经济的关系，必须回答：金融是否从属于经济？金融的存在、活动、发展、演化，是否不以实体经济为依托？

回答是：①金融不完全从属于经济，金融在经济中处于主导地位，主导不同于从属。这怎么把握？这是一个状态和一个度的问题，主导是主动的，从属是被动的。②金融不完全以实体经济为依托，有自身发展变化的规律。市场上物质产品和金融产品交易呈“倒金字塔”形，表明金融的发展态势大大超过了实体经济。

回答以上问题，要从三个方面去考虑：金融产品供给、金融产品需求、金融活动载体。

1. 金融产品供给

(1) 货币的供给，相当大一部分不是基于实体经济的需要，而是基于货币本身作为商品的需要。

(2) 相当一部分银行信贷资金的供给，是基于金融机构自身运作的需要，如贷款变存款、扩大基础、缩小不良资产比例等。

在我国，这方面典型的事例是，银行贷款提供资金，消除“三角债”。

如果“三角债”是企业相互之间清算引起的，则银行贷款是企业的需要；如果“三角债”是银行之间相互清算引起的，则银行贷款是自身的需要。

我国公布的货币供给量中不包括银行间清算的货币，只包括银行系统外各企事业单位和社会公众持有的货币。

这样便存在一个问题：在测量货币需求时，是否只测量银行系统外各企事业单位和社会公众的货币需求，而银行系统内的货币需求就不测量？

在《货币论》中，笔者提出了“微观货币需求”和“宏观货币需求”的概念。宏观货币需求的含义是“一个国家在一定时期内，要有多少货币才能满足经济发展和人们经济生活的需要”①。

银行需要货币进行清算，如商业银行在央行保存的结算户存款；政府需要货币进行收入分配，如财政的上缴与下拨，需要货币实现财政收支。

（3）金融产品创新是为了什么？是满足了人们资产选择的需要还是人们保存财富的需要？

资产证券化代表什么？代表一定的债权，代表未来的现金流收入。资产证券化的实质或内容：调整资产结构，进行流动性资产配置。

2. 金融产品需求

（1）社会对金融产品的需求，在很大程度上取决于社会公众对形势的预期，集中体现为套汇、套利活动。

（2）投机是为了规避风险，寻求增值。一种办法是创造金融衍生工具进行交易。国债回购协议，便是一种

① 曾康霖. 曾康霖著作集（三）：货币论［M］. 北京：中国经济出版社，2004：228.

金融衍生工具，例如，我把国债卖给某一证券公司，等半年后保证回购，从证券公司套取一笔资金，回购也就是偿还。

（3）金融消费。一种金融消费是借助于金融力量满足需求，如买卖金融工具实现自身的需求，这与物质产品的生产流通不相关。但另一种金融消费如购房、购物则与物质产品相关；再如汇款，为了提高效率，实行电汇，其中金融机构提供电子设备，产生了电子货币（一种金融产品）。

3. 金融活动载体

所谓活动载体，即依托什么进行活动，由什么产生活动：我们可以说金融活动依托于债权债务关系，也可以说金融活动依托于信用体系。

金融活动的自身规律：

（1）金融市场上价格的波动，不以现实的金融商品的供求关系为基础。

（2）金融产品的价格在一定的条件下，不以价值为基础，能够无限上涨。

（3）财富与金融产品价格有很深的关系。

（4）金融活动是一种逐利行为。

（5）金融市场不存在供求平衡，通常求大于供，供给小于需求，而且在求大于供的情况下，价格（利率）不一定能上去。不一定价格高，供给就多，供给者与需求者的交易要考虑到风险。尤其是供给者要考虑风险，例如需求者逆向选择或退出市场或换一种方式融资。

（四）怎样认识金融风险

在总体上，金融风险只能避免、转移，不能化解、消除（风险始终是存在的）；但局部来说，金融风险既能避免、转移，又能化解、消除。

现实的风险即已经造成的损失，未来的风险即带来损失的可能性。是化解、消除已经造成的损失，还是化解、消除带来损失的可能性，是两个不同性质的问题。

从总体上说，我们不能把带来损失的可能性化解、消除，只能把带来损失的可能性转移开来，或者说能够避免带来损失的可能性。

市场竞争是个博弈的格局，而博弈有得有失、有损有益。

信息掌握不对称是绝对的，信息掌握对称是相对的。所谓“双赢”是有条件的，是从不同的角度做出的评价，是相对而言的，不意味着没有任何损失。

风险怎么避免、转移，总体上来说有三大因素起着重要作用：

（1）信誉上的支撑。

（2）货币与有价证券的相互替代。

（3）契约关系的建立、维持和延续。在《化解金融风险的社会学分析》一文中，笔者提出要设计并供给一种新的金融产品，缔结一种新的契约关系。有了一种新的契约关系，就能使人们创造出一种新的预期，就能转移和避免风险①。

一旦个别风险事态发生，产生连锁反应，则局面会变得不好收拾，因此处理问题要及时、果断。此外，风险当事者的可承受性、成长性要得到关注：①风险当事者的可承受性。如果关系着老百姓的日常生活，涉及面广，尤其涉及低收入阶层，则当事者的承受力弱。承受力弱，潜在风险转化为现实的可能性便大。②风险当事者的成长性。例如，某股票大跌，但这只股票的成长性被看好，人们也不急于抛售，这与人们的预期心理关系极大。

（五）要切实关注新形势下的金融风险

在当代，我国金融风险主要来自哪些领域，可以有多种假设：①主要来自国有控股商业银行；②主要来自股市；③主要来自社会融资；④主要来自信托公司；⑤主要来自城市和农村信用合作社以及农合基金；⑥主要来自境外。在这六个领域中，全球性、周期性因素尤其值得关注。

---

① 曾康霖. 经济金融分析导论［M］. 北京：中国金融出版社，2000：112-116.

"金融"（finance）这个概念是引进来的，但金融活动很久以前就存在。这里先要从古希腊三贤讲起，苏格拉底、柏拉图、亚里士多德是古希腊三贤。苏格拉底是柏拉图的老师，柏拉图是亚里士多德的老师。他们三人是西方古代哲学家、科学家、教育家，在哲学、文学、艺术等领域作出了非凡的贡献，彰显着古代世界哲学、文学、艺术等的发展方向。

马克思曾称亚里士多德是古希腊哲学家中最博学的人物。亚里士多德生于公元前 384 年，逝世于公元前 322 年，一生致力于对诸多领域的深入研究，恩格斯称亚里士多德为"古代的黑格尔"。亚里士多德的经济思想有四个方面：①自然观。这是主张商业应当作用于四个方面的关系，即"主奴关系""配偶关系""亲嗣关系""财富获取关系"。与这四种关系相适应的经济学称作城邦经济学，不能与这四种关系相适应的经济学，称作家庭经济学。家庭经济学转化为城邦经济学才有意义，这就是"自然观"。②伦理经济观。亚里士多德基于伦理观把德性看作幸福的重要条件。③唯利是图不属于经济学的范畴，它属于理财学的范畴。④审慎和理性，充满着实证和科学精神。

亚里士多德认为：当交换发生时，交换价值才有意义，换句话说，将交换价值变为使用价值才有意义。他看到了货币是交换的媒介，不是货殖的手段；如果是货殖的手段，就是财富的源泉。亚里士多德认为：富人放贷不应当收取利息。富人放贷收取利息，是违反自然的。

所以，我们有理由确定，金融是个引进的复合概念，它是一个组合，它是银行、储蓄、投资、利息等的共同体。

参考文献：

[1] 马克思，恩格斯. 马克思恩格斯选集：第二卷［M］. 北京：人民出版社，2012.

[2] 斯密. 国富论［M］. 郭大力，王亚南，译. 北京：商务印书馆，1987.

[3] 穆勒. 政治经济学原理［M］. 朱泱，赵荣潜，桑炳彦，译. 北京：商务印书馆，1991.

[4] 希克斯. 经济史理论［M］. 厉以平，译. 北京：商务印书馆，1987.

[5] 戈德史密斯. 金融结构与金融发展［M］. 周朔，等译. 上海：生活·读书·新知三联书店上海分店，1990.

[6] 肖. 经济发展中的金融深化［M］. 邵伏军，许晓明，宋先平，译. 上海：生活·读书·新知三联书店上海分店，1988.

[7] 赵怡. 金融与经济发展理论综述 [J]. 经济问题, 2006 (2): 56-58.

[8] 西南财经大学中国金融研究中心调研组. 金融需求与供给互动研究: 对我国部分地区商业银行金融创新的考察 [J]. 金融研究, 2003 (6): 64-74.

[9] 曾康霖. 曾康霖著作集 (三): 货币论 [M]. 北京: 中国经济出版社, 2004.

[10] 曾康霖. 经济金融分析导论 [M]. 北京: 中国金融出版社, 2000.

第四章　政府与市场

一、认识政府导向型金融与市场导向型金融

2012年9月发布的《金融业发展和改革“十二五”规划》第三章《优化布局　构建现代金融组织体系》，明确提出要“形成政策性银行分工合理、相互补充、良性发展的格局”，“要明确划分政策性业务和自营性业务，实行分账管理、分类核算，防范道德风险。对政策性业务，由财政给予必要的支持；对自营性业务，要严格资本约束，实行审慎性监管”。要理解这类规划的指导思想、实施准则和采取的措施，就要学习相关理论，特别是要认识政府导向型金融与市场导向型金融。

（一）政府干预与市场调节相辅相成

要推动经济发展、社会进步，必须有正确的理论指导。在这一理论框架中，如何处理好政府与市场的关系是至关重要的。二者的关系处理好了，经济就会发展，社会就会进步。相反，如果这二者的关系处理不好，则

会给经济的发展、社会的进步带来障碍。学术研究中的主流观点是：当市场失灵时，需要政府干预；当政府失灵时，需要市场调节。这样，政府干预与市场调节似乎成了替代关系。其实，这二者不完全是替代关系：①政府干预经济不完全基于市场失灵，在经济全球化的形势下，为了增强民族经济的竞争力，抑制或减少外来因素对国内经济社会的影响，需要政府进行干预[①]。②当市场失灵时，政府也可能没有能力干预或干预能力有限或不宜进行干预，因为市场有自身的运作规律，当其失灵时，不一定是政府出台政策就能够逆转的。③当资源短缺时，政府干预和市场调节都需要。例如，当出现石油短缺危机时，如果完全按市场调节则势必大幅提高石油价格，但这样做不利于经济稳定，为了使经济稳定，政府就要出面干预。这表明：政府干预与市场调节可以相辅相成，一并发挥作用。总之，政府干预与市场调节相互间不能完全替代，甚至在一定条件下二者不是替代关系。

政府干预经济一般是指政府利用权力和政策影响经济的增长和发展。它的意义与政府对宏观经济的调控近似，调控也是一种干预。但当代的政府不仅是宏观经济

① 李倩. 论政府干预与市场调节的界定［J］. 中外企业家，2013（9）：257-258.

的调控者，而且是公共产品和公共服务的提供者、国家竞争力的培育者、市场秩序的维护者和社会保障体系的建设者。这样的角色表明：在市场经济体制中，政府不仅是以社会权威机构的身份对社会成员经济活动的失衡进行调控，而且它自身也是市场经济体制中的一员并参与经济活动，是市场经济体制中不可缺少的组成部分。

我国要完善社会主义市场经济体制，让市场在资源配置中发挥决定性作用，其主要含义就是要通过供求关系的变化来配置资源。市场经济中供求关系变化主要反映在价格变动中，进一步说，也就是通过价格波动来配置资源，而引进价格波动来配置资源的主要原因是市场主体对利润的追逐。所以，供求关系—价格波动—追逐利润成了市场配置资源的理论逻辑。结合现实考察，我们发现不是所有的资源都能按这样的逻辑去配置：①市场有效配置资源是价格机制和非价格机制共同发挥作用和相互配合的结果。非价格机制包括商标、品牌、产地、担保服务、质押保险，这些都是供给者对需求者的承诺。这表明价格机制的能力是有限的，不是万能的，价格变动不能完全解决供求问题。②有的资源如金融资源的相当一部分必须或仍然主要掌握在政府手中，这是我国的国情决定的，在相当长的时期内难以改变。③资源的配置需要信息，信息的掌握、筛选、比较、求真必须在较大范围内由权威机构来进行，这通常需要政府出面组织。因为一般来说，只有政府出面组织才有能量，才能有效排除干扰，才能突破各种局部利益的限制。

(二) 政府导向型金融的含义与特征

所谓政府导向型金融，是指以政府的行为和政策为导向所发生的金融交易行为。概括地说，它包括政府行为导向金融和政府政策导向金融。前者典型的表现是中央银行的公开市场业务和央行外汇交易，后者的典型表现是政策性银行的融资、投资行为。政府行为导向金融作用于金融宏观调控，服务于货币政策目标；政府政策导向金融作用于政府的社会经济发展偏好，服务于公共产品的建设和供给，以增进社会福利。

政府导向型金融的特征是：

(1) 其行为的目标更多指向社会利益，而不仅是经济利益，因而，其激励和约束等经济机制相对较弱。其成交价格并不直接由交易各方通过市场决定，而是参照市场的交易价格；更多的是政府从各方的利益和社会目标综合考虑，再确定一个各方都能接受的价格，在有的条件下需要对这种交易进行补贴。补贴使这种金融交易容易形成，但补贴不能使政府在这种交易中直接受益，反而需要相应付出（也包括运用政府的资源或者信用），如政府通常需要对政策金融进行财政贴息等。此外有些业务还需要利用政府信用进行担保。这种情况下，对于提供信贷的金融机构而言，由于有政府的影响和政府的担保，所收取的利息通常相对较低。这样，获取信贷的厂商（企业）的代价，就是利息一般都会较低。而国际性的政策贷款，如世界银行等国际机构的政策性贷款，主要附带了政策目标和条件，其利息也较市场利率要低。这就意味着政策导向的金融，经济利益机制相对较弱。

（2）其作用的对象，通常具有倾向性和选择性。因为只有符合政府目标并确实存在实际信贷需求的企业才可能获得政策金融支持。例如，农业信贷、出口信贷及长期的基础设施建设等项目需要的信贷。由于这些项目在市场上很难获得贷款，而这些项目又具有社会意义，因而有可能获得政府导向型金融的支持。同样地，因为政府的目标是促进出口，或当出口存在一定的难度时，出口的企业才可能获得政府出口导向的金融信贷或者信用支持。而没有这些目标的项目和不满足这些特征的企业，通常不可能获得这些信贷支持。

（3）其效率相对来说较低。目标本身偏离单一的利益，并导致约束机制相对较弱，政策导向的金融难以避免地会降低该项活动的经济收益，部分经济利益被社会收益所抵消。同时，由于有政府财政贴息或者担保，对信贷需求方而言，约束力相对不足。更为突出的问题是，政策和政府因素的存在，会导致官僚作风的产生。

同时，这些政策在实施中通常存在着多重委托代理关系，使得相对于市场导向的金融活动而言，政策导向的金融活动的代理成本更高。在实际中，效益低下，从事政策性金融活动的主体的积极性不高，加上监管和机制上的缺陷，使得信息不对称、不透明，产生道德风险。所以，总体来说，政府导向型金融的效率难以被高估。

（三）市场导向型金融的含义和特征

所谓市场导向型金融是指以权利为交易对象并受供求关系影响的金融市场行为。概括地说，它包括以权利为交易对象的金融和受供求关系影响的金融。前者，典型的表现是金融期货及其他金融衍生商品；后者，典型的表现是银行信贷市场、保险市场以及证券市场上的金融活动。以权利为交易对象的金融主要用于满足各种资产变现的需要。在当代经济学中，市场已经不完全是一种供求关系体系，而是一种“理念”，是权利与义务的交换。任何资产只要能带来稳定的现金，都能证券化，证券化是资产的变现，是权利与义务的交换。受供求关系影响的金融，主要作用是聚集资金，以及投资的融通，这通常要以现实的货币资金为基础和载体。供求关系既影响它们的价格，也影响它们的数量。

市场导向型金融的特征是：

1. 具有注重成本与收益的机制

注重成本与收益的机制集中反映在供求产品价格的决定上。价格机制实质上就是利益机制，它是市场组织方式的最重要特征。在完全的市场导向的条件下，价格机制将排除对价格的各种干预，完全让市场本身决定价格。这反映在商业性金融上，就是利率由资金的供给和需求双方决定。供给方即提供资金的居民完全可以根据自身的风险偏好和代际替代弹性决定存款利息，而资金的需求方则根据资本的边际生产力和厂商未来的投资收益等决定贷款利息，商业银行发挥中介功能，在资金的供给和需求方面获取利率差额。这三方共同决定了市场利率，即资金的价格。如果中介越多，竞争就会越激烈，资金的存贷利差越会出现下降趋势。在最理想的状况下，不需要交易中介，存款利率和贷款利率就会趋向一致。但通常市场的摩擦总是存在，信息总存在着不对称状况，在诸多资金供给者——居民，与相对较少的资金需求者——企业之间，商业银行总能找到合适的利润空间。事实上，商业银行在整个交易过程中提供市场并在供给和需求双方间充当“撮合者”。在表面上，商业银行面对作为资金真实供应方的居民，扮演了资金的需求者的角色；而面对作为资金真实需求方的厂商，扮演了资金提供者的角色。资金供给和需求的价格差异构成了市场导向的金融结构的生存空间。在整个交易过程中并没有特别规定交易是否必须进行，更没有特别的指令规定交易如何进行，所有的交易都是通过市场“无形的手”实现的。

2. 参与对象具有广泛性和无歧视性

只要承认市场游戏规则，愿意参与市场，市场不会排挤任何参与者，所以市场本身参与的对象具有广泛性，并不特别限定参与交易的对象。从这一点上说，市场导向的金融是公平的。市场的一个重要特征是无歧视原则。无论是谁，只要是合法的主体都可以在市场上进行公开的交易，更多的时候，公开的交易是通过货币媒介实施的。在更多更好的市场上，个体的特征会被忽略，只有是否具有购买力和持有货币才是决定交易是否达成的前置条件。当然，没有购买力的个体将无法实质性地参与到市场交易中。就金融信贷市场来看，显然其参与对象广泛，任何一个居民（家庭）都是资金潜在的供给者，只要手上持有过多的货币，都可以向信贷市场提供资金；同样，任何一个厂商（企业）及有贷款需求的家庭，都是信贷资金的需求者。

3. 相对而言，市场是有效率的

市场导向的目的通常是保持最优效率的交易者能够获得最好的回报，这种自发的利益机制有利于竞争，从而保持效率。由于自愿原则和利益机制的作用，市场通常能够维持较高的效率。对于供给者而言，最低成本的供应者能够获得最大的市场购买倾向，只要生产能力允许，其能够获得最大的市场份额；对于需求者而言，购买意愿最强，同时具有充足购买力的主体通常能够获得最充足的产品或劳务。在信贷市场上，资金的提供者将闲散的资金以符合其意愿的利率提供给信贷市场，而最能够实质性地提供较强的贷款承受能力的厂商将获得贷款，通常这些厂商能够更有效率地运用这些资金。而资本回报率较低或风险较大或信誉较差的厂商，将更多地被市场排除在外。市场本身并不会拒绝参与者，但在利益机制上，最有竞争能力的个体总是能在市场上获得最大的生存空间。

二、中国金融市场化程度判断

金融市场化是一个动态的、多层面的深化过程，它不仅是指一国金融结构的变化，即各种金融工具和金融机构相对规模的变化，还应包括一国金融市场机制的建立与健全，即一国金融市场的价格机制、竞争机制以及金融资源配置与使用的效率机制等的建立与健全①。一般来说，衡量金融市场化程度可以用这样几个指标：①金融存量指标，主要包括经济货币化和金融化两个指

① 孙丽丹. 对我国虚拟经济发展和深化的研究［D］. 上海：华东师范大学，2006.

标。金融市场化程度的提高会导致金融资产品种范围扩大，期限种类会增多，金融业在经济总量中的相对规模也会增大。②金融流量指标。该指标指金融资产流量主要依赖国内储蓄，而不是财政和国外储蓄。③金融机构指标。该指标下，金融市场化程度提高，金融体系规模会扩大，机构会增加，专业化程度会提高。④利率指标。利率能更准确地反映投资替代消费的机会情况。⑤汇率指标。汇率的变动更多地反映市场意愿，该指标下，金融市场化程度提高，资本自由流动的程度也会提高。

（一）金融发展中的经济货币化

经济货币化进程是指经济活动中一国以货币为媒介的交易份额逐渐提高的过程。经济货币化比率是衡量一国经济商品化程度的重要指标之一。一国的金融深化首先表现为经济货币化。如果将麦金农（McKinnon）的货币化指标 M2/GDP 作为判断中国经济货币化进程的标准，那么，1978 年经济体制改革之后的 20 多年中，中国经济货币化速度是十分迅猛的，表明中国的金融深化进程很快。1978—2001 年这 20 多年间，除 1985 年、1988 年、1994 年这三年外，中国的 M2/GDP 比率一直稳步上升，从 1978 年的 37%上升到 2001 年的 165%[①]。

---

① 孙丽丹. 对我国虚拟经济发展和深化的研究［D］. 上海：华东师范大学，2006.

同世界其他国家相比，中国的这一比率是非常高的。例如，1998 年美国的这一比值为 62%，韩国为 57%，英国为 107%，日本为 121%[①]。当然，我们不能据此得出中国的金融深化程度已与美国等发达国家基本相当或超过发达国家的结论。中国的这一比值较高，主要是由于新货币化部门吸收了大量超额货币，而这些部门在计划经济体制下大部分交易是不用现金的。这一现象本身就证明了中国金融市场化的发展，所以 M2/GDP 比值是测量中国金融市场化程度的重要宏观指标。

（二）金融发展中的经济金融化[②]

一个国家的经济发展到一定阶段，就需要把不断扩展和迅速增长的全部金融资产（包括广义货币和非货币金融资产）与经济总量联系起来，用全部金融资产替代广义货币，用金融化指标代替货币化指标来衡量金融深化的程度。这样有助于我们客观地评价中国的金融深化进程。

从资产流动性的角度，金融资产可以分为货币、债券和股票三大类金融资产。在此，我们用包括 M2

---

① 鲁国锋．“转轨”时期我国政府规制的取向研究［D］．上海：复旦大学，2005.

② 本小节内容部分参考了王毅《用金融存量指标对中国金融深化进程的衡量》。王毅．用金融存量指标对中国金融深化进程的衡量［J］．金融研究，2002（1）：82-92.

和有价证券（企业债券余额、金融债券余额、国债余额、股票市值等）在内的金融资产总量与GDP之比来反映经济金融化程度，1992年底中国金融资产总量与当年GDP的比为108.9%，到2001年末该比值已上升到236.6%。

随着非货币性金融资产规模的扩张，中国金融资产的结构也相应发生了变化。1992—2001年，广义货币M2在金融资产总量中的比重由87.6%下降到69.7%，债券余额的比重由8.8%上升到11.2%，股票市值的比重从3.6%上升到19.2%。货币、债券和股票相对数量的变化，反映了银行相对地位的下降和资本市场相对地位的提高。

笔者选取有代表性的发展中国家和发达国家，并同样用广义货币、有价证券和股票市值作为金融资产来计算，结果表明，2000年中国的金融化比重为229%，远低于同期美国（364%）、英国（356%）、日本（312%）等金融市场发达的国家，也低于新加坡（319%）这样的新兴国际金融中心。从数据上看，2000年左右，中国的金融深化程度处于发展中国家的中等偏上水平，与美国、日本、英国等发达国家还存在较大差距。

（三）银行业的竞争格局

通过资产比率、存款比率、贷款比率3个指标，可以考察各银行机构在垄断竞争格局中的地位。1995—2001年，金融机构垄断格局在弱化，竞争因素在增强①。主要表现在以下三方面：

一是从资产份额来看，股份制商业银行和城市商业银行的资产份额占比在增大，国有独资商业银行的资产份额占比在下降，外资银行的资产份额占比略有下降（见表4-1）②。

表4-1　1993—2001年中国银行业资产份额占比　　单位：%

类别	1993年	1995年	1999年	2000年	2001年
国有独资商业银行	69.07	69.08	64.32	62.56	60.53
股份制商业银行	5.77	7.55	11.86	10.19	12.27
城市商业银行	—	1.01	3.67	4.20	4.87
外资银行	—	2.47	2.14	2.06	2.30

资料来源：①中国人民银行调查统计司主编《中国金融统计1952—1996》，中国财政经济出版社。中国人民银行调查统计司编《中国金融统计1997—1999》，中国金融出版社。《中国金融年鉴》（光盘版，1983—1998），《1999年中国金融年鉴》，《2000年中国金融年鉴》。《中国人民银行统计季报》有关各期。②城市商业银行1995年存款数据来源于《新中国金融五十年》第四章第三节。③外资银行的存款总量采取内外币并表数据，并以年度人民币汇率中间价计价。

注：①表中的国有独资商业银行包括工商银行、农业银行、中国银行、建设银行四大银行；股份制商业银行包括交通银行、中信银行、光大银行、华夏银行、广发银行、深发银

① 杨再斌，匡霞．上海建设功能型国际金融中心的对策分析［J］．同济大学学报（社会科学版），2004（3）：57-62.

② 外经贸部公平贸易局与北师大经济与资源管理研究所中国市场经济发展研究课题组．中国市场经济发展报告［J］．战略与管理，2002（6）：7-24.

行、招商银行、浦发银行、兴业银行、民生银行十家银行。以下同。②1993 年还没有成立城市商业银行，故无数据，下表同。③1993 年人民币兑美元汇率尚不统一，所以外资银行 1993 年所占比例未填，下表同。

二是从存款份额来看，国有独资商业银行所占比例从 1993 年的 69.07%下降到 2001 年的 60.93%，下降了约 8 个百分点。股份制商业银行所占比例则上升了约 6 个百分点。城市商业银行所占比例则从 1995 年不到 1%上升了近 4 个百分点。外资银行所占比例基本持平（见表 4-2）。

表 4-2 1993—2001 年中国银行业存款份额所占比例（期末数）

单位:%

类别	1993 年	1995 年	1999 年	2000 年	2001 年
国有独资商业银行	69.07	61.04	63.73	62.15	60.93
股份制商业银行	5.34	6.46	7.83	9.70	11.53
城市商业银行	—	0.94	4.03	4.26	4.72
外资银行	—	0.48	0.40	0.43	0.44

资料来源：同表 4-1。

三是从贷款市场份额分析，国有独资商业银行从 1993 年的 73.48%下降到 2001 年的 57.57%，下降了约 16 个百分点。同期股份制商业银行所占比例上升近 7 个百分点。城市商业银行也是上升态势。外资银行所占比例略有下降（见表 4-3）。

表 4-3　1993—2001 年中国银行业贷款市场份额所占比例（期末数）

单位:%

类别	1993 年	1995 年	1999 年	2000 年	2001 年
国有独资商业银行	73.48	61.91	61.30	58.61	57.57
股份制商业银行	3.54	4.57	6.24	5.47	10.20
城市商业银行	—	0.40	2.88	3.49	4.03
外资银行	—	2.09	1.90	1.55	1.37

资料来源：同表 4-1。

需要指出的是，国有独资商业银行在银行市场上份额占比较大，既有历史的原因，也有合理的一面。现代经济是规模经济，信息技术的快速发展，为银行提供了规模经营的技术条件。20 世纪 90 年代，国际上出现了银行合并浪潮，其主要目的是通过扩大规模增强竞争力。从部分主要国家银行业集中度（前三家大银行在银行业资产中所占比重）的情况看，中国银行集中度并不是特别高。即使以中国四大国有独资商业银行计算，21 世纪初中国银行的集中度为 60%左右，与欧洲国家相比处于中等水平。并且，21 世纪初中国银行的集中度还出现了下降的趋势。

（四）利率市场化程度

1996—2000 年，中国利率市场化改革取得了重要进展，利率市场化初见成效，如表 4-4 所示。21 世纪初，中国已经放开了银行间同业拆借市场利率、银行间债券市场债券回购和现券交易利率，放开了贴现和转贴现利率，放开了国债和政策性银行金融债券发行利率。在贷款利率方面，我国逐步扩大了金融机构贷款利率浮动权，简化了贷款利率种类，并放开了外币贷款利率。此外，我国也放开了部分存款利率，如对保险公司大额定期存款实行了协议利率，大额外币存款利率由金融机构与客户协商确定。到21世纪初，公开市场业务操作已经成为中国人民银行调控基础货币的主要政策工具，公开市场利率已经成为货币市场的基准利率。从实践看，中国渐进的利率市场化改革是成功的①。

表4-4 中国利率市场化进程

时间	利率市场化措施
1996年6月	放开银行间同业拆借市场利率
1997年6月	放开银行间债券市场回购和现券交易利率
1998年3月	改革再贴现利率及贴现利率的生成机制
1998年9月	放开政策性银行发行金融债券的利率
1998年10月	扩大金融机构对小企业的贷款利率的最高上浮幅度，实行保险公司与商业银行双方协商利率的办法
1999年4月	允许县以下金融机构贷款利率最高上浮30%
1999年9月	成功实现国债在银行间债券市场利率招标发行
1999年9月	将对小企业贷款利率最高可上浮30%的规定扩大到所有中型企业

① 外经贸部公平贸易局与北师大经济与资源管理研究所中国市场经济发展研究课题组. 中国市场经济发展报告［J］. 战略与管理，2002（6）：7-24.

表4-4(续)

时间	利率市场化措施
1999 年 10 月	对保险公司 3 000 万元以上、5 年期以上的大额定期存款，实行保险公司与商业银行双方协商利率的办法
2000 年 9 月	放开外币贷款利率；300 万美元以上的大额外币存款利率由金融机构与客户协商确定，并报中国人民银行备案

由于多方面的原因，当时中国利率市场化改革面临一些问题，主要表现在：一是由于主客观原因，如转轨中企业改革、改组成本很高，制约了贷款利率上调等，使银行资金存贷款（尤其是存款）利率调整的灵活度不够，还不能完全根据经济形势和金融市场变化而灵活变动；二是金融机构自主确定利率水平和计结息规则的权限较小，难以满足金融机构成本管理、金融创新和市场竞争的需要；三是缺乏有效的市场基准利率，当时的同业拆借利率、债券回购利率和国债利率还难以承担市场基准利率的角色，尚未形成关联程度高、灵敏的市场利率体系；四是市场缺乏防范利率风险的机制和手段，随着利率市场化步伐的加快，利率风险累计增加，但金融机构缺乏有效的风险防范手段，市场尚不能提供适合的风险对冲工具①。

① 邵伏军. 中国利率市场化改革：经验、问题与展望［J］. 中国金融，2004（7）：18-20.

（五）汇率市场化程度①

1994年人民币汇率并轨，我国实行以市场供求为基础的、单一的、有管理的浮动汇率制度。1994年我国的外汇管理体制改革建立了现行人民币汇率制度的基本框架，初步奠定了市场对外汇资源配置的主导性地位。从外汇管理来看，主要有以下制度参数影响人民币汇率形成：银行结售汇制度、银行结售汇周转头寸管理、央行外汇公开市场操作、银行间市场撮合交易制度、银行间市场汇率浮动区间管理。下面介绍当时的三种制度参数。

（1）银行结售汇周转头寸管理。1995年起，随着国内外汇供求形势好转，中国开始对银行结售汇周转头寸由上限单向管理改为实行上下限双向管理。如果低于下限，银行必须到银行间市场补足；超过上限，银行则必须到银行间市场抛出；在上下限之间，银行则可以自行选择买还是卖，抑或不入市交易。

（2）银行间市场撮合交易制度。银行需提前一天向中国外汇交易中心报告第二天拟在银行间市场卖出或买入外汇的量，且当天只能做一个方向的交易。在第二天

① 本小节内容部分参考了郁志丹《中国资本项目可兑换进程中的资本管制和汇率制度选择》。郁志丹．中国资本项目可兑换进程中的资本管制和汇率制度选择［D］．上海：复旦大学，2004.

上午的实际交易中，银行报价包括交易价格和交易量，并根据“价格优先、时间优先”的原则自动撮合成交。外汇指定银行当天只能进行买入或卖出的单向交易，不可以买卖双向同时进行。

（3）银行间市场汇率浮动区间管理。银行间外汇市场开办了美元、日元、港币对人民币的交易。浮动区间分别为 0.3%、1% 和 1%。中国人民银行只对美元对人民币的交易进行干预。如果银行报出的价格超过规定的上限或者下限，则为非法价格，计算机不予接受。

自 1994 年并轨，特别是亚洲金融危机以来，人民币汇率长期保持了稳中趋升的走势，由并轨初期的 8.70 元人民币兑换 1 美元升至 2000 年的 8.28 元人民币兑换 1 美元。根据国际货币基金组织的数据测算，1994—2000 年，人民币名义有效汇率升值 20%，实际有效汇率升值 26%。方方面面都说明，汇率并轨后，人民币已逐渐成为世界强势货币之一。人民币汇率的基本稳定，对促进中国经济发展和亚洲金融稳定发挥了重要作用。但是，人民币汇率形成机制的市场化程度还有待提高。

（六）资本自由流动程度

自 1978 年改革开放以来，中国资本账户也开始了有限度、有选择地对外开放。从交易项目来看，中国允许外国投资者在境内购买 B 股，以及中国在境外上市的

H 股、B 股等外币股票和在境外发行的外币债券，但限制其在境内购买 A 股、债券和货币市场工具，同时限制居民到境外购买、出售和发行资本和货币市场工具；对外商投资企业筹借长短期外债没有审批要求[①]，对外商在华直接投资主要是产业政策上的指导，汇兑上限制得不多。

国际清算银行（BIS）前副总裁 Andre lcard 曾指出：虽然中国依然实施外汇管制，但中国对国际资本流动已经相当开放，在吸引外国直接投资方面，中国的开放程度甚至超过了一些 OECD（经济合作与发展组织）国家；在资本项目方面，中国也实现了部分项目可兑换。国际货币基金组织确定的 43 项资本项目交易，中国已完全可兑换的项目有 4 项，占 9.3%；基本可兑换的项目有 8 项，占 18.6%；有严格限制的项目有 16 项，占 37.2%；完全禁止的项目只有 15 项，占 34.9%。其中主要是禁止外资购买用人民币标价的证券资产，目的是防范国际短期资本特别是投机性资本流动对中国经济和金融的冲击[②]。整体上看，中国资本项目的开放程度已达到较高水平。

---

① 计国忠. 资本账户开放次序的比较研究及中国的选择［J］. 世界经济研究，2004（2）：28-31.

② 杨再斌，匡霞. 上海建设功能型国际金融中心的对策分析［J］. 同济大学学报（社会科学版），2004（3）：57-62.

总之，从管理力度和对政策的掌握尺度上看，中国资本项目汇兑管制“明紧实松”，即名义上对资本项目仍保持较为严格的管理，实际上大部分子项目已在相当程度上可兑换。事实上，无论对资本跨境流动还是对汇兑，我国采取的都不是绝对禁止的管理方式，即除个别限制项目外，大都根据不同主体和不同交易设定不同条件，由主管部门对其进行行政审批，符合条件就可获准，因此实现了相当程度上的有条件可兑换。

（七）三个相关指标

1. 判断金融市场化程度的指标

（1）金融机构有没有确定利率的自主权。

（2）金融机构有没有确定贷款的自主权。

（3）人们是否主要从金融市场获得收入。

2. 判断经济是否金融化的指标

（1）金融资产的增长是否超过 GDP 的增长。

（2）金融资产交易是否超过国际贸易量。

（3）持币动机是否主要为了增值。

（4）是否实现所有权益证券化。

（5）是否主要通过国际资本流动配置资源。

3. 判断是否垄断的指标

（1）判断垄断的指标有哪些？

①以占领市场份额的大小来判断；②以是否存在竞

争机制来判断；③以是否存在市场准入来衡量。

（2）市场份额大，只能说企业取得了市场支配或优势地位，这是垄断的条件，但不等于垄断。判断是否垄断，主要看市场竞争主体是否运用其优势地位限制竞争①。

参考文献：

［1］李倩．论政府干预与市场调节的界定［J］．中外企业家，2013（9）：257-258.

［2］曾康霖．二元金融与区域金融［M］．北京：中国金融出版社，2008.

［3］吴晓求，赵锡军，瞿强，等．市场主导与银行主导：金融体系在中国的一种比较研究［M］．北京：中国人民大学出版社，2006.

［4］王伟．中国政策性金融与商业性金融协调发展研究［M］．北京：中国金融出版社，2006.

［5］中国人民银行，中国银行业监督管理委员会，中国证券监督管理委员会，中国证券监督管理委员会，国家外汇管理局．金融业发展和改革“十二五”规划［EB/OL］.（2012-09-17）［2024-11-15］. https://www.

① 张二震．全球化与中国发展道路的理论思考［J］．南京大学学报（哲学·人文科学·社会科学版），2007（1）：43-49.

gov. cn/gzdt/att/att/site1/20120917/1c6f6506c7f811c1674e01. pdf.

[6] 孙丽丹. 对我国虚拟经济发展和深化的研究 [D]. 上海：华东师范大学，2006.

[7] 鲁国锋. “转轨” 时期我国政府规制的取向研究 [D]. 上海：复旦大学，2005.

[8] 王毅. 用金融存量指标对中国金融深化进程的衡量 [J]. 金融研究，2002（1）：82-92.

[9] 杨再斌，匡霞. 上海建设功能型国际金融中心的对策分析 [J]. 同济大学学报（社会科学版），2004(3)：57-62.

[10] 外经贸部公平贸易局与北师大经济与资源管理研究所中国市场经济发展研究课题组. 中国市场经济发展报告 [J]. 战略与管理，2002（6）：7-24.

[11] 邵伏军. 中国利率市场化改革：经验、问题与展望 [J]. 中国金融，2004（7）：18-20.

[12] 郁志丹. 中国资本项目可兑换进程中的资本管制和汇率制度选择 [D]. 上海：复旦大学，2004.

[13] 计国忠. 资本账户开放次序的比较研究及中国的选择 [J]. 世界经济研究，2004（2）：28-31.

[14] 张二震. 全球化与中国发展道路的理论思考 [J]. 南京大学学报（哲学·人文科学·社会科学版），2007（1）：43-49.

第五章　现实与发展

一、知金融现实，悟发展趋势

在我国，商业银行存在着脱媒现象，现在有相当多的人不向银行存款也不向银行贷款，甚至货币结算也不通过银行。这是金融领域的变化，这样的变化持续下去，将会带来什么，值得研究和深思。

（一）怎样认识脱媒现象

银行是金融中介，金融中介的原本功能是吸收存款、发放贷款、办理结算，银行在其中起着媒介作用。脱媒，简单地说就是指向融通资金的方式：投资者不再选择向银行存款，融入资金者不再选择向银行借款，结算交易双方不通过银行办理结算。

据统计，在2015年左右，在我国整个社会新增融资规模中，银行贷款已减少到50%左右，也就是说近50%的融资不是通过向银行借款的渠道实现的。

为什么会产生这种现象？一般有两种解释：一是银

行存款利息低，人们追求高回报，不乐意向银行存款；二是中国人民银行宏观调控采取信贷规模控制，商业银行为了逃避规模控制采取了应对措施。这样的解释不是没有道理，但只停留在“上有政策，下有对策”层面上，而没有认识到它（指脱媒）是商业银行的金融创新，是当代金融业发展的趋势。

创新在什么地方？创新的聚焦点就是：根据不同人群或客户群的风险承受力来组织融通货币资金，而不仅是吸收存款、发放贷款。这样的创新体现在对投资人和融资人的考核和选择上。对于投资人，银行要考核他们的风险承受力。商业银行把投资人分为三类：风险喜好者、风险中立者、风险厌恶者。商业银行在推出金融产品的过程中，要考核投资者属于哪一类。商业银行会优先选择风险喜好者，因为风险喜好者的风险承受力强；其次选择风险中立者；一般不选择风险厌恶者，因为这一类人对风险的承受力弱。换句话说，商业银行的理财产品要优先卖给风险喜好者，不宜卖给风险厌恶者。关于这一点有的商业银行还做了规定，理财产品一般不卖给 65 岁以上的老人和只有几千块钱的人。主要是因为他们的风险承受力弱，金融意识淡薄。据笔者所知，商业银行与投资者都要签订详细的合同，合同中有明确的风险提示，有对投资者风险承受力的考察与评判等。由于我国未大面积允许银行存量信贷资产证券化，过去很长一段时间，在资本约束强化和实体经济资金需求旺盛的背景下，商业银行主动通过表外融资，包括发行理财产品、租赁融资、信托融资、银证融资等手段，满足了融资者的资金需求。因此，一定程度上可以说，严格控制的银行存量信贷证券化，促使了脱媒现象的发展。

商业银行对融资人的考核更复杂一点，除了其自身风险承受力外，还要考核其（融入资金者）业务规模、发展前景、资产价值、现金流。一般情况下，商业银行卖理财产品筹集的资金都供给那些规模大、发展前景好、资产质量高，有较好的现金流的大客户，而不宜供给那些中小客户，更不宜供给微型客户。中、小、微型客户的资金需求，由商业银行的传统业务供给。

根据不同客户群的风险承受力来组织融通货币资金，是商业银行的金融创新。这种创新是经济发展、时代进步的需求，或者说是与经济发展、时代进步相适应的。经济的发展，不仅一部分人首先富起来了，而且逐步形成了一个中产阶层。时代进步了，科技发展了，信息透明了，人们的权利与义务的观念增强了，金融意识也提高了（有人考察发现，80 后的金融意识就比较强），所以，这样的金融创新是当代金融业发展的趋势。

这样的金融创新也推动着金融理论的更新和发展：

（1）传统观念认为商业银行只能是间接融资，而创新意味着商业银行也能够直接融资。发展直接融资，提

高直接融资所占的比重，也要靠商业银行的金融创新。

（2）经济决定金融，这是分层次、分人群的，从而也是分区域的。中产阶层的形成，对金融业的发展有较大的影响。

（3）人们的收入水平、思想意识、法治观念，对金融业的运行和发展起着决定性的作用。而这些都支配着人们的金融行为，属于行为金融学的组成部分，所以我们要研究行为金融学。

（4）商业银行的一部分资产要证券化，对此，我们要建立、发展和完善证券市场。学术界曾将全球的金融体系分为两类：银行主导型金融体系与市场主导型金融体系。世界银行曾委托美国经济学家施莱弗进行研究，试图找到这些问题的答案：哪种制度安排更有利于经济增长，哪种制度安排更有利于防范通货膨胀，哪种制度安排更有利于提高储蓄率，哪种制度安排更有利于金融资源有效配置，哪种制度安排更有利于防范风险。现在看来，上述问题都必须重新考察。

（5）怎样认识和防范金融风险？商业银行根据投资人、融资人的风险承受力组织融资，是否分散、减轻了商业银行的风险，都必须结合实际去认识。

（6）金融业不只是服务业，它是一个产业，它能创造金融产品来满足人们的金融消费需求。因此我们要研究金融消费，要研究金融产品和行为的公共性和公开性。（在西方，一个人没有信用档案，便寸步难行。信用档案也就成了公共产品。）

此外，脱媒现象不仅表现在商业银行的存贷款方面，还表现在支付结算方面。现在债权人与债务人之间的支付结算，相当大的一部分由第三方支付公司承担。

这又给我们提出了一些理论和实际问题，如怎样考察货币替代品，怎样测算货币流通速度和融资规模。

（二）怎样认识影子银行

要认识影子银行，必须从四个方面着手：

（1）概念与范围；

（2）利与弊；

（3）怎样监管；

（4）发展趋势。

关于第（1）点：概念与范围有宽与窄之分。笔者倾向于窄，不能把脱媒现象都认为是影子银行。影子银行的概念是2007年美国人提出来的，他们提出这一概念是想表明，在美国金融危机中，它发挥着重要作用。后来，国内业界引进了这一概念。他们引进这一概念是想表明什么问题，想表明影子银行容易导致系统性金融风险吗？想表明混业经营是发展趋势吗？还是想表明什么？国内学者对影子银行有褒有贬，不论褒贬，都有各自的立场和取向。学者应从金融业的发展去看问题。影子银行要阳光化，在阳光下就没有影子了。我们要倡导金融行为的信息透明。

关于第（2）点：利与弊。总体来说，影子银行利大于弊。它适应人们的融资需求，使风险不完全集中在银行，其弊端主要是可能增大了金融风险。过去对于银行的风险，人们更多的是把信用风险看得很重；在影子银行兴起的情况下，人们开始注重操作风险、市场风险。操作风险集中表现为，一些人利用自己的地位、权力和关系，推销金融产品，图谋不轨。市场风险主要体现为资产价格波动，带来了损失的可能性。

关于第（3）点，我们应怎样监管影子银行？**要扩大监管的范围和力度。监管要适应金融业的创新和发展，而不是相反，让监管去约束金融业的创新和发展。这当中，重要的是划分经营权、责、利。如什么样的金融机构才有权卖理财产品，理财产品的规模和价格如何确定等。对于影子银行不能堵，只能疏。**

关于第（4）点发展趋势，我们要多看一看，要比较，要借鉴国外影子银行的发展经验，但不要照搬。

（三）怎样看待金融风险

1. 国内高层怎么看金融风险？

风险是严重的，但风险是可控的。

2. 金融风险的集中度如何？

金融风险是否集中在政府融资平台？有人认为随着“土地财政”的削弱和消失，地方政府的还债能力变弱，因此，银行贷款风险集中在地方政府融资平台。但也有人不这样认为。其认识就是：地方政府融资平台，总体来说是“生产型的”（不同于欧洲的主权债务，欧洲的主权债务是消费型的）。所谓生产型，就是说这些平台拿钱去搞建设，建设形成资产。这些资产会保值、增值，有条件可以卖资产或利用资产收益来还钱。此外，这些平台还能够借钱还债。只要允许地方政府发债，这些平台就能够借钱还债。

金融风险是否集中在银行（特别是国有控股商业银行）？有人认为我国商业银行贷款量大、面广，经济的不景气（出口减少，内需难扩大，产能过剩）必然使商业银行不良贷款增加，风险加大。但也有人认为，贷款风险不集中在商业银行，理由是不良贷款≠损失贷款，不良贷款包括三部分（次级、可疑、损失），一般而言，不良贷款可收回40%左右。此外，商业银行提取了大量的备付金（提取的拨备占不良资产的300%），完全有能力弥补损失。

据笔者了解，2015年左右我国金融领域的风险，大都被认为集中在三个领域：一是小额贷款公司，二是村镇银行，三是民间借贷。许多人认为，这三个领域金融运作不规范，监管不严甚至根本没有监管，人际关系复杂，从业者法治观念淡薄，相关主体财务制度不健全。此外，一些高管人员不惜成本，追求高利。所以，风险集中在这里。除了这三个领域外，农村商业银行也必须关注。农信社改制为农村商业银行，历史呆账、烂账采取挂账分离的办法，也就是把这一部分呆账、烂账甩给政府，由政府“买单”。这部分有多大，需要正视。

笔者认为，还值得关注的有：国际金融风险的转移和传递，一些国家通过政治的、经济的手段，给我们施加压力带来的金融风险。例如，多国实行量化宽松的货币政策，大量供给货币，通货膨胀，然后它们把通货膨胀转嫁给我国。2016年召开的G20（二十国集团）峰会称，要避免竞争性货币贬值，美元贬值给各国外汇储备都带来损失。这样，就会形成系统性金融风险。我们要着力研究这种风险通过哪些渠道传递和转嫁。

防范金融风险，就必须对金融机构管理层、从业人员和广大老百姓进行金融知识、法治观念方面的教育。管理层要关注投资者和融资者对金融风险的物质承受力和精神承受力。对于从业人员，既要看其能力，更要看其人品。对于广大老百姓，要使他们不能只追求高利，还要有风险判断能力。

制度建设上，我国应尽快出台金融机构包括银行破产方面的法律法规和善后制度，使老百姓认识到银行是个独立的企业，也是会破产的，对于自己的金融行为要承担风险。风险与收益是相关的。

从金融机构之间的关系来说，为了防范金融风险，要建立“防火墙”。比如严格控制银信合作、银证合作、银保合作。混业经营是发展趋势，但必须有“防火墙”。

有人说，金融风险归根结底集中在银行，因为大量的资金是从银行拿出去的，同时大量的理财产品是通过银行买卖的。一些银行从业者在推销产品时，只讲好处，不讲风险，而许多投资者只认银行。在这种情况下，一旦问题出现，银行首当其冲，会成为矛盾的焦点。例如，四川泸州的事例和上海的事例：泸县农行曾替保险公司推销产品，后来出了问题，客户要农行退保，由当地银监局出面解决。上海部分公众曾打出标语“某某银行还钱来”，原因是他们购买了某某银行个别员工代理推销的理财产品。

目前某些商业银行（市场化程度高的商业银行）的高管薪酬激励制度也与风险相关。高业绩—高薪酬—高风险，比如有的银行实行利润挂钩激励。还有银行对中层干部实行定期轮换的考核机制，使不少人追求短期利益，急功近利。

（四）利率市场化问题

学界不少人主张利率市场化，认为利率市场化能降低社会融资成本，能有效配置金融资源，能抑制高利贷。

为什么利率市场化能降低社会融资成本？有人认为现在货币资金很多，供大于求，只要放开市场利率，利率就会降下来。

为什么利率市场化能有效配置金融资源？有人认为利息是利润的一部分，银行等金融机构赚不到高的利润，就不会给出高息。

为什么利率市场化能抑制高利贷？因为有利于竞争。

其实，并不是这样简单。上面的逻辑推论似乎正确，但实际情况又是另一回事。

我国金融机构和金融市场上的利率（货币资金的价格）实际上是偏高的。贷款综合利率偏高，净利差有的达到3~4个百分点，比有些国家高。为什么偏高？有政策因素，也有市场因素。

政策因素主要是中国人民银行的政策。中国人民银行的政策从三方面影响利率：一是基准利率。中国人民银行基准利率作用于商业银行存贷利率，比如只能上下浮动多少，加上中国人民银行不时又采取发行票据的办法回购基础货币，这些措施都会影响商业银行利差。商业银行为了保利差，产生了相应的对策。二是窗口指导。窗口指导说白了就是让银行的钱放给谁，不放给谁。换句话说，对银行的资金投向有约束。这样一些企业就贷不了款，拿不了钱。为了满足它们的资金需求，商业银行不得不采取灵活措施。三是贷款规模控制。规模控制限制了供给，限制不了需求，如果需求膨胀，资金短缺，利率必然上升。

市场因素主要取决于融资者的承受力，而承受力取决于融资者对市场的预期。例如，融资者预期未来市场价格上涨，即原材料、产品、资产的价格要上升，再高的利率他们也不怕。此外，市场因素还包括急需资金的情况，如政府要求工程必须限期完成，在资金短缺情况下，工程方就会不惜成本借入资金。由于有诸多因素影响，很难说利率市场化能将社会融资成本降下来。在发展中国家，在一定时期内，需求刚性始终存在。如果经济增长速度降下来了，局面变化了，资金价格可能变化。

（五）如何看待货币的大量供给

2012 年底，我国 M2 达 97 万亿多元，2013 年则已超过 100 万亿元，超过 GDP 一倍，怎么看待这一问题？怎么求解这一问题？可以从以下几个方面进行思考：

（1）要制定一个时期界限（改革开放后，国际金融危机以后，1978 年，1992 年，1998 年）。

（2）要选择一组变量，M1 或 M2，要考察哪一个层次的货币供给量与 GDP 的相关度更密切。

（3）要比较发达国家和发展中国家。

（4）要有理论指导，研究作为媒介的货币，以及作为资产的货币。

（5）要有空间界限，明确流向海外的货币有多少。

二、不同视角看“钱多”

2009 年上半年银行投放了 7.37 万亿元信贷资金，加上 2009 年 7 月、8 月、9 月三个月增加的供给，达到 8.6 万亿元。这些钱流出银行是大家关注的焦点，不少人问钱到哪里去了？起到了什么作用？在此，笔者仅提几点一己之见。

（一）总量分析

为什么要这么大量投放信贷资金？总体来说，是为了应对危机。进一步说，是为了增强信心，改善预期和带动民企。信心比黄金更重要，预期关系着兴衰成败，民企则是不可或缺的经济成分。

有人说大量投放是为了“保 8”（GDP 增速 8%）。一些人研究说，我国 GDP 增速低于 8%，失业人员就会增加，这就是说“保 8”是为了保就业。但实际上，就业与产业结构相关度高，而与经济增速相关度低。在我国，就业容量大的是第三产业以及中小企业、民营企业。如果投资偏重重工业，热衷于搞基础设施建设，则对就业的拉动有限。

凭什么说信贷资金供给过多？有人说，2008 年 10 月份以后，货币政策不是适度宽松，而过度宽松，即货币供给过多。为什么说供给过多？无非是与历史比、与 GDP 比、与国外比、与原定的目标比。这样比有没有道理，科不科学？与历史比，我们应注意到，发展中国家经济的发展有非常时期；与 GDP 比，我们要知道，货币不仅是作为支付手段、流通手段，还会作为金融资产存在，它的运动有一定的独立性；与国外比，我们要知道，一些国家的发展已经历了一两百年，有着与我们不同的政治、经济、文化背景，而我国改革开放才几十年；与原定的目标比，我们要知道，目标是人制定的，如果原定的目标不科学，比较就没有意义。

货币多了会出什么问题？人们担心货币多了，会出现的问题有：一是发生通货膨胀，二是不良资产增加。还有人担心，货币增多为腐败创造了条件，导致收入分配恶化等。这样的担心不是没有道理。但现在大家还知道，如果联系我国实际，货币多了不一定通货膨胀，也有可能导致通货紧缩。对银行不良资产我们也要辩证地看：能收回来的贷款，不一定就是优良资产；不能收回来的贷款，就一定是不良资产；优良资产与不良资产会相互转化；银行资产与非银行资产也会相互转化。至于说腐败和分配恶化，这已经不属于货币增多导致的问题了。

货币多了会起什么作用？实际表明：货币多了，金融资产随之增加。问题是怎样让人们持有的金融资产保值、增值？货币多了，会使原来难挣钱的人容易挣钱，也会使原来就有钱的人更有钱。货币多了，在我国现有条件下，会产生资产泡沫。但什么是泡沫，什么不是泡沫，学术界在定性、定量上也存有分歧。

（二）结构分析

1. 供给主体的排序

2009 年上半年和 7 月、8 月、9 月，谁提供的信贷资金最多？总体来说，提供信贷资金最多的是国有控股商业银行。在国有控股商业银行中，有的提供信贷资金多，有的提供信贷资金少，相互关联、此消彼长，因此就某一家银行来说，在一定时期考察这种多与少意义不大。不同的金融机构有不同的市场定位、产业取向、顾客构成、历史轨迹，提供信贷资金的数量与这些因素相关，这是战略因素。至于战术分析，应当主要分析它们的行为、决策和价值取向。

有一种现象值得注意，即银行不乐意承认自己过多地放款，顾客不乐意承认自己过多地借款。有的地区相关部门出面调查，召开企业家座谈会，问借了多少款，结果存在缺口，上千亿元的贷款不知道到哪里去了。产生这种状况，也许是企业家不方便说，也许是企业家的借贷不合规，也许是企业家怕遭非议等。

2. 供给对象的选择

联系我国实际，2009 年大量的信贷资产供给于有政府背景的项目，这些项目主要是用来搞基本建设，其规模究竟有多大，需要调查。一些情况能够佐证：中小企业融资依然困难，第三产业不是供给重点，民营经济融资仍然受限，就业问题仍突出。这些情况都表明，这些领域没有成为信贷资金投放的重点。那么资金是否主要贷给了大企业呢？有媒体报道，在近2 000家上市公司中，2009 年上半年向银行借款的公司很少，其借款额只占 7.37 万亿元的 4%，即不到3 000亿元。这种状况是否属实，需要进一步求证。

3. 供给方式的区分和供给性质的认定

我们不能认为 2009 年上半年商业银行增加的 7.37 万亿元资金供给都是贷款，其中相当一部分是票据贴现。比如 2009 年 1 月增加了 1.62 万亿元资金供给，其中6 000亿元便是票据贴现，占 37%。我们要知道，以贷款方式供给的资金与以贴现方式供给的资金性质是不同的。以贷款方式供给的资金，在相当长的时期内成为借款者的资金存量；而以贴现方式供给的资金，仅在较短的时期内成为贴现者的资金流量。贷款是为了解决资金不足问题，贴现是为了解决头寸短缺问题。所以笼统地说上半年增加了7.37万亿元贷款，是不准确的，会误导人。对于贷款，还要分析有多少是中长期贷款，有多少是短期贷款；有多少是信用贷款，有多少是担保贷款。此外，还要特别注重担保品的变现能力。

4. 供给的行业和地区

根据上述分析，2009年此次资金供给，更多的是供给第二产业、加工业；从地区上说，此次资金供给恐怕更多地集中在大中城市。

（三）学理分析

1. 银行供给的货币是对社会的负债

在信用货币制度下，货币都是由银行供给的。银行凭信用供给货币，供给的货币都是对社会的负债。供给货币的银行是债务人，货币的持有者是债权人。以2009年7月末数据为例，M2为57.3万亿元，M1为19.59万亿元，M0为3.37万亿元。M0为现金；M1为现金+活期存款，把现金除去，则活期存款为16.22万亿元；M2为定期存款加M1，把现金和活期存款除去，则定期存款为37.71万亿元。这表明：银行巨量的信贷资金供给，仍然以大量的定期存款的形式存在，成为银行对社会公众的负债。

银行对社会公众的负债，在一定的条件下，可以不还。这意味着银行的长期负债，意味着社会公众的长期持有，而这种持有取决于社会公众对银行的信任度。

2. 银行供给的货币有货币与准货币之分

从货币供给的程序上说，先有贷款后有存款，先有活期存款，后有现金和定期存款。金融学教科书上提到过原始存款和派生存款货币。原始存款是中央银行供给的，表现为中央银行给商业银行提供的现金和准备金存款。商业银行有央行的基础货币支持，才能派生存款。商业银行派生的存款都是活期存款，活期存款中可以提取的现金，也可以转为定期存款。但我们必须明白：从活期存款中提取现金只是货币形态的变化，把活期存款转为定期存款则是货币性质的变化。现金和活期存款是货币，定期存款是准货币。准货币是不能作为现实的货币进行流通的，只能作为金融资产存在。按这个道理，2009 年 7 月，准货币是货币的 1.92 倍（37.7/19.58）。**这种状况表明：银行供给的货币只有约 1/3 在流通，发挥着支付手段和流通手段的职能。约 2/3 的货币作为定期存款形式的金融资产存在，在银行吃利差。**

银行供给的信贷资金成为企业再生产过程中的货币资金需要一个过程，企业的货币资金转化为生产要素也需要一个过程。这就是说，银行供给的信贷资金是企业可能的货币资金。其转化为现实是有条件的，重要的条件是投资方向，即企业要有生意可做，有项目可投。再者，企业有了货币资金，要转化为生产要素，也需要条件，重要的条件是市场。市场取决于供求，有了供求，货币资金才能转化为生产要素。

3. 银行供给的货币，重在如何收回

银行供给的货币是要收回的，途径有收回贷款、征收赋税、出卖国债、兑换黄金以及通货膨胀等。收回贷款和征收赋税能减少和消除债权债务关系；出卖国债是由一种债权债务关系转换成另一种债权债务关系；兑换黄金是以价值物换取价值符号；通货膨胀则是使货币贬值，有利于债务人，不利于债权人。

如果货币供给过多，国家能有效地利用这几种办法使过多的货币流回，则银行可以没有顾虑了。

4. 还要关注货币资金的流向流量

很多金融机构都是存款大于贷款，出现巨额存差，这给人们提出了一个问题："钱流到哪里去了？"从现实分析：巨额存差，会流向政策性银行，会流向国企，会流向政府，会流向资本市场，会转向国外（如出售外汇、收回本币）等。学理分析要关注钱的流动"玩的是什么游戏"。

在 2009 年，值得关注的是银行供给的信贷资金流向各级政府的融资平台。据报道，2009 年上半年地方政府增加的融资平台 1 万多个，多数是在县一级，有人说

70%为县级政府所有。增加融资平台与发展地方经济相关，与官员绩效考核相关，与中央政策相关。2009年前后提出发展县域经济，不仅地方自己发展经济要建设一些项目，而且要配套资金建设中央下达的项目。在这种情况下，地方没有钱自然找银行。有关统计表明，2009年上半年银行信贷资金投放量的40%在县一级。

经过以上分析，我们可以认为2009年银行大量的信贷资金投放主要集中在各级政府的融资平台。其根据是：中小企业融资仍然困难；重要资源包括金融资源由政府掌握并分配；上市公司向银行的借贷只占4%，不到3 000亿元，原因是一些大型企业大量盈利，而另外一些企业想选择其他方式融资；住房贷款2009年上半年才4 662亿元，只占6.32%；有人说信贷资金的20%进入了股市，但即使这样，进入股市的信贷资金才不到1.5万亿元。

（四）给商业银行带来的影响

1. 减少商业银行的利息收入

2009年上半年工商银行增加贷款8 600亿元，利息收入157亿元，比2009年初下降1.9%；建设银行增加贷款7 314亿元，利息收入86.12亿元，比2009年初下降7.75%。为什么下降？因为贷款的对象主要是有政府背景的项目方，这样的贷款，利率浮动只能下降，不能上调。

有一种情况值得注意，一些银行把应收利息变为中间收入，名叫“财务状况咨询费”。这种财务状况咨询费，实际上是利息的一部分。假设企业向银行借款要支付10%的利息，现在银行不要企业支付10%，只要其支付8%。剩下2个百分点，以“财务状况咨询费”的名义支付。这样的好处是可以避税，可以增加职工的收入，可改变盈利构成。这种状况合不合理、严不严重，需要深入的调查研究。

2. 带来资本、资产重组压力

资本重组压力，源于资产扩张。因为资产要靠资本支撑，资产大量扩张，资本够不够？2009年时，商业银行经股份制改造和引进外资后充实了资本，一般都在109%以上。但银行资产膨胀的速度比资本增长的速度快，所以面临压力。资本又分为核心资本和附属资本。核心资本是相对固定的，附属资本是有弹性的。要充实资本，更多的是在附属资本上做文章，或者发债，或者自我积累；自我积累要有利润，利润要合理分配。

资产重组压力，主要源于流动性不充足。商业银行的资产通常分三类——贷款、证券、央行及同业存款，其中贷款占大部分。2009年时贷款中中长期贷款占绝大部分。中长期贷款年限长，流动性弱，而且中长期贷款一般投资于大项目，大项目建设周期长，很长时间内只有投入，没有产出，没有效益，还要继续追加资金才能完成。这样，银行不仅收不回来贷款，还要追加贷款。有人说 2009 年银行的资金供给下不了 10 万亿元，2010 年也下不了 8 万亿元，原因就是已有的贷款倒逼银行追加贷款。这样的双重压力，通常在一两年后就会显现。

3. 推动信贷的非良性循环

这样的循环呈现为“泡沫→货款→泡沫”。怎么回事？货币增加，资产泡沫增加，在泡沫没有破裂以前，资产的价值也在增加。增加了价值的资产可用于贷款抵押，抵押品即资产变得更值钱，贷款似乎又有了保障，因此贷款会增加。

2008 年国际金融危机中，美国次级住房贷款就有这种状况：放低条件贷款给消费者买房子，消费者买的房子价格涨了，银行追加贷款。这就是典型的经济泡沫推动银行贷款，呈现为金融资源分配的非良性循环。

4. 宽松的货币政策填补积极的财政政策

积极财政应当是减轻税负，直补收入，就是说应减轻人们的负担，增加人们的收入。可是我国积极的财政政策主要是增大投资，而且投资规模庞大。2009 年某地年财政收入 80 亿元，而计划投资 1 200 亿元，是财政收入的 15 倍。这种状况，根本不是靠财政收入保障投资，而是靠银行保障投资。

5. 热钱与股市

在我国还有一种论调，认为股市是外来资金“热钱”炒起来的。“热钱”简单地说就是“游资”，即在金融市场上操作的带有投机性的货币资金。这样的资金有多少？有人认为外汇储备增加值减去贸易顺差，再减去外商直接投资，剩下的便是“热钱”。有人算了账，截至2009年上半年：我国外汇储备净增长1 778亿美元，其中贸易顺差384亿美元，FDI（外商直接投资）183亿美元，其余1 247亿美元，便是“热钱”。这么多的钱进入股市，股市便暴涨，如果撤出股市，股市便暴跌。

这样的分析，有没有依据和道理，可以研究。在笔者看来，“热钱”是存在的，但用上述方法测算“热钱”未必科学。作为外币的“热钱”，要炒A股，必须换成人民币，但未必转化成“外汇储备”。再说外贸顺差和外商直接投资未必都是现金，特别是未必都是当期的现金，因为外贸交易有预付、有延期支付，外商直接投资有时还会用实物。所以，上述计算方法是不准确的。在此，笔者提出另一个办法做参考，即按我国多年来的经验，银行储蓄存款与证券公司开户的保证金，有此消彼长的关系：股市看涨时，储蓄存款增加，保证金下降。根据这样的逻辑，如果保证金的增加大于存款的下降，我们可以将其差额视为“热钱”，而且是进入股市的实实在在的“热钱”。

(五) 商业银行亲周期理论和亲政府倾向

1. 亲周期理论

在西方，有人提出商业银行亲周期理论。简单地说，这一理论认为：当商业银行认为经济处于繁荣时期、信用风险小、违约率低时，将着力扩张信用；相反，则着力收紧信用。这一理论，从经济决定金融的角度、从单个银行即微观的角度看，似乎顺理成章。但如果从宏观的角度、从银行的角度看，就会有问题，因为各家商业银行都这样认为，都这样选择，大家争着放款，势必造成信用膨胀。这样一方面推动经济的发展，推动周期的形成，另一方面也会加快周期的波动。

2. 亲政府倾向

在我国，商业银行的行为是否符合“亲周期理论”值得研究，但笔者认为商业银行存在着“亲政府倾向”。这是笔者多年观察得出的结论。“亲政府倾向”的含义，简单地说，就是抓存款，首选财政；放贷款，瞄准政府项目（或者有政府背景的项目）。前者因为财政存款、财政性存款，成本低，稳定增长；后者因为政府项目数额大、风险小，即使出了问题，也好交代。

产生“亲政府倾向”的原因是什么？笔者认为主要有二：一是仍然存在“政企不分”，二是商业银行的机制雷同。

“政企分开”是讲了多年的，但就是不容易分开，主要原因是政府掌握着资源特别是主要资源，同时企业家也要依靠政府取得资源。我国社会主义市场经济是以公有制经济为主体，公有制主要是国有制，政府在其中有着重要地位。

我国商业银行机制大多雷同：组织结构雷同——大部分都是股份制；经营对象雷同——都是选择大体相同的客户；经营模式雷同——拉存款、放贷款、避风险、改名做大；考核业绩雷同——考核指标大体相同；监管模式雷同——大多是看重几个约束指标。雷同就抹杀了特色，加大了运营成本。值得我们思考的问题是：不同的金融机构，有没有分工？相同的金融机构，有没有办出特色？

三、最大的投资风险是高利贷

（一）2011 年温州连续发生高利贷崩盘事件

曾在一家民营企业（SJ 集团）从业的女职工，以企业的名义集资 13 亿元，之后携带这些资金举家潜逃。问题在于曾在这家民营企业工作的职工，为什么有这么大的能量？

据了解，此案的核心人物是原 SJ 集团财务部的会计施某某。施某某2009年就从SJ集团辞职出来单干了，但与SJ集团还有联系。由于她过去与银行打交道，与银行的人很熟悉，虽然辞职了，但集团有些事还是找她干（比如送资料等）。于是她便打着SJ集团的旗号，在外面高利集资。利息有多高呢？年息最低24%，最高140%。这种打着别人的旗号在外进行高利贷集资，欺世盗名的行为，自然是诈骗。问题还在于，为什么这么多人被诈骗了？在被诈骗的人中，相当一部分是公务人员，其中相当一部分是公款（媒体称其为“官银”）。案件爆发以后，一些公务人员不敢声张，也不敢上诉，想私下了结，设法先收债。因为以公款谋高利，名不正，言不顺，涉及违法乱纪。

这表明：陷入高利贷陷阱的不仅有普通百姓，还有公务员；不仅有个人储蓄，还有公家的钱。这表明：我国的高利贷已经不只是自由人之间的交易，其中还掺杂着权钱勾结。高利贷使贷款价格严重失衡，这可以用敲诈勒索、趁火打劫、坐地分赃等来形容。

（二）高利贷的高利从哪来的？

利息来源于利润，现在不少企业都不容易赚钱，能赚钱的企业利润率也不高，20%的利润率都少有，一般都是百分之十几。在这种状况下，高利息从哪里来？笔者问过一个小额贷款公司的人，这么高的利息，借款人怎么承受得了？他的回答是：要借的钱一般都是“应急”，数额虽大，但期限很短，多则半月，少则几天。由于期限短，利率虽高，但绝对额不大，借款人一般都承受得起。有的人回答说，拆借，是为了还旧债，因为旧债到期了；还了旧债，可取得新债。这实际上是借新债，付利息，以本钱付利息。想想这样下去，会产生什么后果？

抬高社会整个利息水平，会带来什么后果，会产生什么循环？从金融领域来说，必然带来“庞兹理财”效应，也就是把后来加入者的入伙费，当作先来者的投资收益。这种状况在我国已经存在。本来借钱谋利，在正常状况下，是无可厚非的。但一些人已经不是借钱谋利，而是金融投机，即“庞氏骗局”。

此外，抬高社会的利息水平，还会扩大货币供给量，因为需要一部分贷款用来支付利息，必然增大货币供给量。本来，发生高利贷的因素之一是社会上流通的钱过多，过多的钱用来追求高利→高额的利息用增加贷款去偿付→使货币供给过多。这不说是恶性循环，也是非良性循环。

（三）这种状况带来的不仅有经济危机、金融危机，还有社会危机

经济危机主要表现为企业倒闭、生产萎缩、利润下

降，企业承受不了高利贷。整个经济的基本面恶化。

金融危机主要表现为资金链断裂，债主逃跑，借出去的钱本息无收，整个社会的融资成本增加，金融秩序混乱，许多人的信用度急剧降低，开始不讲诚信。

社会危机就是家破人亡，失业增加。据报道，2011年初至2011年9月底，浙江温州有90多家企业老板逃跑，大量企业倒闭，甚至有的老板跳楼自杀，2011年9月就先后发生了3起自杀事件。

怎么办？政府出面干预。政府发文件要求各银行机构加大信贷资金保障力度，规定利率不得高于30%，不得强制企业购买理财产品，不得与企业存款挂钩，不得变相收取企业手续费。

同业合作，统一行动。温州全市48家融资担保机构采取联合行动，坚决抵制一切违法违规行为；坚决不从事非法吸收存款、发放贷款、受托投资、受托发放贷款及非法集资等活动①。

时任国务院总理温家宝在三个月时间内两次到温州：2011年7月解决温州动车追尾事件，2011年9月解决高利贷问题。有媒体说，解决欧洲问题，不如先解决温州问题；有人说，温州人就是中国的犹太人，温州的

① 陈青松. 温州震痛引爆中国式“次贷危机”？[N]. 中国企业报，2011-10-11（2）.

经济、金融是中国经济、金融的缩影。

温州大约有89%的家庭、个人和59%的企业都参与了民间借贷活动。

温家宝与温州中小企业座谈，提出了四点意见：

（1）提高对小企业不良贷款的容忍度。

（2）要明确将小企业作为重点支持对象。

（3）要加大财税对小微企业的支持力度。

（4）要切实防范金融风险。

这四条实际上是放宽对中小企业的金融限制和减轻税负，以解决小企业遇到的资金困难。问题是温州高利贷的兴起是中小企业资金困难吗？应当说温州的高利贷不是小企业遇到资金困难，而是“不务正业”。

要说资金没有困难，也并非如此。2011年4月就有90多个企业主欠债外逃，总债务大约400亿元。表面看是银根收紧，资金链断裂，但实质上是楼市泡沫破裂，虚拟经济崩盘，一些中小企业走上穷途末路。一些企业主把资金从实体经济抽出来，什么赚钱炒什么。

（四）这样的措施只能治标，不能治本

高利贷是历史的产物，历史上的高利贷存在于经济不发达地区，经济越不发达，高利贷越盛行。我国现在的高利贷是制度的产物，银行业存在垄断情况，加上金融管制，中小企业融资需求通过正规渠道难以得到满

足，不得不转向民间。加上 2011 年左右紧缩银根，控制贷款规模，高利贷便应运而生。有人说 2011 年左右最火爆的行业是民间借贷。有人说高利贷立了功，应当表扬，不然倒闭的企业还会更多，经济难以增长。

对于高利贷的是非功过问题，我们存而不论。值得注意的是：一个地区如果高利贷泛滥，必然产生经济危机、金融危机和社会危机；经济不可能在高利贷中良性循环；一部分人在高利贷中获利，另一部分人就必然破产。

所以，改变这种状况，必须从制度建设着手，而制度建设，首先要进行思想建设。思想建设包括理论建设和人的素质的提高。现在有些舆论宣传存在误导，说四大行表态："支小"有心无力。笔者认为应当倒过来："支小"有力无心。理论未确立，行为就跟不上。

参考文献：

[1] 曾康霖. 不同视角看"钱多"[J]. 中国金融，2009（20）：42-44.

[2] 陈青松. 温州震痛引爆中国式"次贷危机"?[N]. 中国企业报，2011-10-11（2）.

第六章　发展与监管

一、金融业发展与金融风险管理

（一）决定一个地区金融业发展的主要因素

一个地区金融业的发展主要取决于两个要素：一是资产的流动性，二是人们的金融意识。地区金融业如何发展，地区金融机构怎样展业，也要密切关注这两个要素，培育这两个要素，激活这两个要素。这就是说，要充实和发展该地区居民的资产，特别是流动性资产；要培养和提高该地区居民的金融意识，特别是讲信用、谋发展的意识。地区居民的资产特别是流动性资产被激活了，地区居民的金融意识增强了，地区金融业的发展就有了经济基础和思想基础。

2012年9月10日《东方今报》发表了汇丰银行《2012年中国家庭理财状况的调查报告》。该报告指出：中国家庭持有最多的是5类金融产品；城市人口中66%的家庭投资股票，58%的家庭购买了保险产品；23%的家庭炒股亏了；人均家庭流动资产均值为 38.6 万元。这样的调查真不真实，可不可信？我们自然要考证。

从金融展业的角度说，注重这方面的考察是应当的，正确的。什么是家庭的流动资产？就是能够变现的资产，或者能够用于偿债的资产，或者能流通的资产。由于资产的变现、偿债、流通要以货币单位计量，以货币为载体，所以，它是金融展业的经济基础。

这样的分析告诉我们：经济发展了，收入增加了，如果不能形成资产，特别是不能形成流动性资产，则不能推动金融业发展。

社会成员的金融意识高不高，用什么去衡量？看他们对利率变动的敏感度高不高。一般说来，敏感度高，表明金融意识强；相反，则金融意识弱。但有特例，温州有的企业，对利率调高调低无所谓。因为它们有承受力，可以“拆东墙补西墙”。但这只是局部的、个别的情况，不具有普遍性。

此外，居民金融意识强不强，还要考察买卖金融商品的社会成员多不多。因为买卖金融商品，就是为了求得资产的保值增值。居民有这方面的意识，表明其金融意识强。

从社会成员整体来说，一个地区的金融业发展状况，还取决于这个地区的社会成员有多大的金融活动空间：政府的金融活动空间，决定于财政收支在多大程度

上实行信用形式；企业的金融活动空间，决定于其在多大程度上实行负债经营；居民家庭的金融活动空间，决定于其收入水平和储蓄，收入越多，储蓄越多，理财的需求越大。

用什么指标来衡量一国或一个地区的金融发展水平？经济学家通常用资本市场的市值与GDP的比例；金融学家通常用向私人部门提供的信贷占GDP的比例，每百万人口上市公司数量，当地公司发行股票占总的固定资本的比例等。

某一地区金融发展将提高当地居民创业的可能性，为新企业的进入创造条件。学者可将金融发达地区与不发达地区相比，考察金融对经济的作用，在这一方面可选择的指标有：每年新企业设立的数量占当地人口的比例，当地居民创业的平均年龄，已有企业的数量占当地人口的比例，人均GDP增长率。

经济学家认为：当融资更加容易后，财富的创造主要靠技术、新的思维和勤奋，而不是已有的财富。

是什么因素进一步导致金融体系自身的发展，不同国家和地区金融发展差异的内在原因何在？经济学家有两种代表性的观点：一是法律对债权人和投资人利益的保护，二是既得利益集团为了维护既得利益而阻挠金融发展。**此外，文化（包括宗教）对金融业的发展也有影响，这主要反映在企业和人们的行为中。**

集团的既得利益对金融发展有影响，典型的事例是美国各州的银行法都是当地统治集团从保护自己既得利益出发制定的。

文化（包括宗教）对金融业发展的影响，主要有三个方面：一是通过作用于人们价值观的形成从而对金融业的发展产生影响。二是通过作用于制度的形成和发展从而对金融业产生影响。三是通过作用于资源配置从而对金融发展产生影响，不同的文化背景对资源配置的导向不同。

现在不少股份制商业银行和城市商业银行热衷于在外地设立分支机构，指导思想是做大。这种思想可不可取，值得研究。有人与笔者讨论，我们总的指导思想是：要看需求，同时需求要看条件。可以从以下三个方面进行考量：

（1）当地有没有需求？企业到异地去发展，先要考察在异地有没有根基？如果没有根基，企业在异地的发展就不扎实。

（2）能不能以盈补亏？

（3）风险是否控制得住？

笔者在这里提出一个不常见的概念：城市资源的可承受性。现在劳动力、资本、科技、金融资源等都在城市集中、积聚，特别是大城市。一个城市有多大的承受力，不仅是理论问题，而且是实际问题。值得思考的是，一个城市有多少金融资源，能够容纳多少金融机构？恶性竞争会抬高整个社会的融资成本，导致两败俱伤，不可取。金融机构之间除了竞争，还需要合作。此外，城市资源还包括基础设施建设。当前的情况是，大城市资源的可承受力在下降。这表现在各方面，集中表现在水等方面。现在不仅有用水问题，还有排水问题。2012 年“7·21 北京特大暴雨”引发的灾害，表明北京这座城市的承受力有限。

金融业要发展，发展要有资源。推动金融业发展的资源是什么？信用。讲信用、信用秩序良好的地方，金融业定能发展得好。从一个地区来说，推动金融业发展的资源是什么？实体经济。金融没有实体经济支持，只能是虚拟经济，只能是“以钱炒钱”，只能是空中楼阁。这样讲是想表明：一个地区金融业的发展也有承受力的问题。

（二）当代金融业发展的趋势

当代金融业发展的趋势，笔者概括为三点：货币资本化，资产证券化，服务社会化。

1. 货币资本化

笔者用“货币资本化”这一概念是想说明，相当多的一部分货币会成为社会成员手中的一笔资产，成为保值增值的手段。这与《资本论》中，马克思所谓的产业资本的三种形态中的货币资本不同：在《资本论》中，马克思把产业资本分为货币资本、生产资本、商品资本。其中货币资本是产业资本的一种形态，处于社会再生产过程，处于流通领域，既是资本也是货币，具有双重身份。

本书所说的货币资本化后的资本，不具有双重身份，它就只有资本的身份，即货币资本化是一种保值增值的手段（以钱生钱）。

2012年8月底，我国的M2（即存款加现金）达92万亿元，其中现金5万亿元，占比约为5.4%；存款87万亿元，占比约为94.6%。在存款中，活期存款19万亿元，占比约为21.8%；定期存款68万亿元，占比约为78.2%。这就是说2/3以上的存在于社会上的货币，没有参加服务于商品劳务交换的商品流通，而是仅作为资产，或者作为价值保存，或者作为增值的手段。这种状况笔者把它叫作货币资本化。

2. 资产证券化

资产证券化是当代金融业发展的趋势之一。从道理上讲，资产只要能生息，都可证券化。都可证券化只是一种可能性，至于其成为现实，还需要满足一定的条件。主要条件之一，在于相关交易能被人们接受。

资产为什么会证券化？总体来说是为了增强它的流动性，为了避免和转移风险，为了便于规范交易，因为证券大都由权威机构评级、论证，具有法律效力。同时证券还有派生能力，即一种证券派生为另一种证券，这样有利于搞活金融。

资产呈现为证券化的趋势，使得金融交易也呈现为脱离实体经济的趋势。也就是说，交易的数量、交易的价格、交易的主体双方，都独立于实体经济。此时，人们就称其为“虚拟经济”。

如何对待虚拟经济？这既是理论问题，又是实际问题。对此，笔者谈几点看法。

认识这个问题，**首先要明白“虚拟经济”这个概念。虚拟不等同于虚设、虚假。虚拟是指事物的现实状态与它习惯的名义状态相分离。**现在有电子商务（如网上买东西）、电子银行（如自动取款机）、电子大学（如网络授课），被人们称为“虚拟商店”“虚拟银行”“虚拟大学”。这些事物的现实状态是在网上买东西、自动取款机存取款、在网上授课，这些行为不是虚拟的，而是真实的，只不过现实状态与它们习惯的名义状态不同。习惯上，商店、银行、学校给人们的感觉是一个区域，有楼房、柜台、办公桌等。可以说，虚拟是对传统的变革。**虚拟经济就是对传统经济的变革，虚拟经济一般是相对实体经济而言的。人类的经济活动发展到今天出现了虚拟经济。信用是虚拟经济产生的思想基础，产权明晰是虚拟经济产生的制度条件，科学技术的发展是**

虚拟经济产生的物质前提。

总体来说，虚拟经济的出现是社会的进步，而不是退步。虚拟是对现实的超越。2008年国际金融危机发生后，不少人提出，推动社会经济的发展，不要着力发展虚拟经济，而要着力发展实体经济；虚拟经济离不开实体经济，虚拟经济的发展不能离实体经济太远。过度发展虚拟经济会形成泡沫，而泡沫终会破裂。这些说法有道理，但需要进一步分析：

（1）从金融领域来说，虚拟经济活动主要是有价证券（包括金融衍生品）的买卖，有价证券买卖是金融市场的主要内容。不着力发展虚拟经济，是不是就不着力发展金融市场？如果是这样，那么怎样搞活金融？怎样投资、融资？怎样使资产保值、增值？所以，“不要着力发展”，我们不能认为这是指不谈发展。问题是怎么规范发展，有序发展，健康发展。西方发达国家存在虚拟经济发展过度的问题，我国是发展中国家，不能说虚拟经济已经过度发展。

（2）说“虚拟经济的发展不能离实体经济太远”，是个“度”的问题，怎么把握这个度？一般说来，虚拟经济依托于实体经济，比如有价证券的虚拟资本就是在真实资本的基础上产生的。但是我们要知道，有的有价证券可以不依托于实体经济，比如衍生金融品，它是在债券、股票、债权债务合约的基础上产生的。这表明有价证券能够层层派生。这从道理上来说，资产能够证券化，任何资产只要有现金流都能够证券化。基于这样的认识，把握虚拟经济发展的度，就在于把握资产证券化的度。能不能把这个“度”确定为，只有实体资产才能证券化，而虚拟资产不能证券化？也就是限制一种证券派生另一种证券。如果这样可行，则这个度比较容易把握。但这样认定能不能满足各方面的需求，适不适应市场变化，却值得进一步研究。

（3）虚拟经济是不是离不开实体经济？现实中是能够离开的，例如股票的价格不完全取决于股票的价值，某一家上市公司不盈利、不分红，但股票价格还能上涨。再如，有股市行情背离经济发展态势的情况，经济形势很好，但股市一直低迷。从这些方面来说，虚拟经济有它特殊的运动规律，**虚拟经济能够独立于实体经济运动**。例如股票买卖不是买卖它的现在，而是买卖它的未来，它的价值在于人们对它的预期。

（4）虚拟经济是否一定成为泡沫经济？应当说虚拟经济不同于泡沫经济。泡沫经济是呈现在人们面前的转瞬即逝的一种经济现象。这种经济现象一般通过市场价格的急剧上升又急剧下跌表现出来。产生这种现象的原因有人为操纵，有人们现期的失误等。这种现象的存在有别于经济周期正常的波动。经济周期正常波动受客观因素制约，时间较长，体现着阶段性；泡沫经济的波动是非正常的，受主观因素制约，时间较短，不体现阶段性。泡沫经济除了反映在市场价格的波动中外，还会反映在其他领域，如虚报产值、虚报 GDP 等。前者可称为价格泡沫，后者可称为产值泡沫或 GDP 泡沫。可见，泡沫经济有多种表现形式，所以虚拟经济不等于泡沫经济，而且泡沫经济不等于价格泡沫。这就是说，泡沫经济不一定反映为价格过度上涨。泡沫经济不同于经济泡沫，经济泡沫是指经济增长的状况中存在着泡沫，如价格泡沫、产值泡沫等。在经济增长中存在一定泡沫是不可避免的，从一定意义上来说是正常的。经济泡沫进一步发展，可能成为泡沫经济。可以说从经济泡沫到泡沫经济是一个从量变到质变的过程，但泡沫经济是不正常的、畸形的经济。

3. 服务社会化

当代，金融的功能已经不只是融通资金，其很大一部分功能是为社会服务。社会需要金融清算债权债务，社会需要金融提供信用担保，社会需要金融使人力资本变现，社会需要金融实现资产最佳组合，社会需要金融实现资源分配，社会需要金融实现政策效应，社会需要金融保护消费者权益，等等。

随着社会经济的发展，人们的收入增加了，生活环境改善了，生活质量提高了，人们更需要金融服务。例如，人们要旅游，就有很大概率使用信用卡消费；人们要使自己的资产保值、增值，就要求金融机构提供各种金融商品。

为什么中国人民银行和金融监管部门等要加强对金融消费者权益的保护？从中，我们可领会金融的功能已经不仅仅是融通货币资金。所以，各种金融机构展业，不能只想到“做买卖，赚钱”，而要树立“为社会服务”的观念。

（三）中国需不需要地方银行？

笔者长期以来思考一个问题：中国需不需要地方银行？对此，笔者从以下几个方面进行思考：

（1）中国是个大国，社会经济的发展，需要分层次。我国需要全国性大银行，更需要地方性的小银行。地方政府要参与并对地方银行进行扶持与监管。地方银行要增强实力，也要承担风险。

（2）经过改革开放几十年的发展，全国形成了不同的利益格局，不同利益格局的载体是不同利益群体。不同利益群体要靠金融支持。利益群体间的差距，要靠金融去缩小。这种利益格局难以打破、消除，需要协调维护。这样的协调、维护，需要地方金融机构发挥作用。

（3）各个地方都要服从于行政管理。行政管理以政府为单位，政府也是社会成员。作为社会成员，它也应有资产和负债。地方政府的经济实力，取决于它是净资产，还是净负债？**一届政府的资产-负债状况是这届政府社会经济发展的基础，反映一个地区的承受力和人们的生活质量。**政府官员离任为什么要审计，又要审计什么？就是要审计本届政府的资产-负债。不能造成不合理的“烂账”，不能让负债情况演变成“前人借款，后人承担”。地方银行的资产-负债状况，是地方政府的资产-负债状况的重要组成部分。这表明地方政府也是个法人，它要对所辖地区的社会公众负责。

（4）不能把社会主义片面地理解为“大一统”，即什么都由国家大包大揽。大有大的好处，但大也有大的难处。大可以做好事，大也可能导致失误。大包大揽的做法，最终会难以为继。**财政要分灶吃饭，银行要分区设立。地方银行服务于地方经济、社会的发展。**其名称可以不同，但服务的对象是明确的。

（5）转变经济发展方式需要改革，改革需要明确划分事权、财权。明确事权、财权，需要确立主体、划分范围、落实权责。

（6）可以从让老百姓享有金融服务的角度来分析我国金融业的布局：大中城市集中，小城镇和农村薄弱。

基于这样的认识——**银行业不能过度集中，而要适当分散，笔者认为相当一部分城市商业银行的定位应当是区域性的地方银行。**为此，必须思考以下的问题：

①怎样依靠地方政府打造“讲诚信”的金融生态

环境？

②怎样根据地方经济的特点，着力提高金融服务质量，支持民营企业，特别是小微企业的发展？

③怎样依托地方的经济力量，解决城市商业银行遗留的历史问题？

④怎样与地方政府进行战略合作？

（四）金融富韧性与金融风险管理

1. 金融富韧性的理论脉络

金融脆弱性提出后，许多学者关注和评价它的机理并用它来解释实际情况，并强调它的严重性和不可避免性。其实，金融体系不仅有脆弱性，还有富韧性（financial toughness），只不过这一方面没有引起人们的高度关注，更没有人进行相关机理分析。但只要结合实际我们就不难理解。在现实的金融活动中，人们会感觉到：社会经济对货币供给的容量有较大的弹性；企业对金融负债的转换有较强的灵活性（如可续短为长等）；家庭对币值变动的承受力有较大的弹性（如货币贬值可被增加名义货币收入抵消）；此外，金融商品增多而且能够转换，各种货币在一定条件下能够替换，为人们的金融资产选择营造了较大的空间。**这种状况的存在，其机理就在于当代的货币和金融资产是一种价值符号，价值符号的运动表明了财富的创造、分配、交换和保存。财富**

以价值符号为尺度，以价值符号为载体，以价值运动为依托，在时空上具有较大的弹性。人们能够在具有较大弹性的时空中去认识金融活动，把握金融运行的规律，在金融与经济之间建立关系，使得金融体系具有富韧性。

2. 金融富韧性下的风险控制

金融体系的富韧性源于金融运动处于具有较大弹性的时空中，因而强化金融风险管理就要充分利用时空的作用。充分利用时空强化金融风险管理，要正确地认识风险与损失。风险既能带来经济利益的损失，也能带来某种权利的损失。从金融领域来说：贷款收不回来是一种损失——经济损失，存款不能兑付也是一种损失——信用损失。无论是前者还是后者，都是当事人资产的损失。资产是自然人和法人拥有的具有价值的财产和权利。财产是有形的，权利是无形的，这样可以说，风险是带来有形资产和无形资产损失的可能性。可能性是不确定的、不可预期的。由此可以说，风险是人们期望值的不确定性，这种不确定性是在市场竞争中，由于市场参与者信息掌握不对称而发生的。已经造成的损失不是风险。因为它已经是确定的、现实的。对于已经造成的损失，是怎样弥补、报销的问题，不是防范、化解的问题。所谓防范，主要是指在事前和事中，对可能带来的损失予以分析、预测、避免；所谓化解，是指事后大事化小，小事化无。防范有预防的意思。化解是指损失是确定无疑的，只是要想办法减少损失。但化解不同于已成定局，化解是指引发的事件仍处于持续存在过程中，还有选择的机会。如果过程已经结束了，形成了既定的结局，就谈不上化解。

充分利用时空强化金融风险管理，概括地说，就是要在能够利用的时间、空间中，创造新的契约关系，重新构建人们的权利与义务。货币与有价证券的相互替代，为消除和化解金融风险带来了可能性和现实性。也就是说，相关机构要设计出一种金融商品，创造出新的契约关系，调整人们的债权债务。**在市场经济条件下，充分利用时间、空间把人们的债权债务关系调整好，使之处于相对均衡状态，就能消除和化解金融风险。**

设计并供给某一种金融商品，实际上是创造“一种新的契约关系”，让当事者双方对契约关系做出承诺，以此避免风险。契约关系表明，一方享有权利而另一方要履行义务。因此，风险的避免在实际生活中表现为权利的享有与义务的履行。这样的权利享有与义务履行，用现代经济学去解释，就是“共相交易”。也就是说，为了特定的目的或实现既定的目标，双方或各方达成一致且共同遵循。现代经济学认为，人们的活动都是契约关系的表现和实现，可以说人类生活在权利与义务的关系体系中，离开了权利与义务的关系，就无法生存。

创造新的契约关系的核心，是给人们创造出一种预期，如预期自己拥有的资产更具有增值能力，更有盈利性；预期自己拥有的资产更能满足人们的需求。创造出一种预期，就能改变人们的观念，支配人们的行动，改善金融的风险状况。**能不能给人们创造出一种预期，关键在于守信用，建立可靠的信用关系。信用依托于信誉，信誉依托于信任，信任依托于信心。所以化解风险，从社会学的角度说，还要提高人的信誉，增进人与人之间的信任感，增强人们的信心。**

如果说，信用是社会的支撑，则信誉是发展的成本，信任是关系的基石，信心是事业的保证。经济学（包括金融学）要结合社会学中人的信用、信誉、信任、信心问题，研究预期，创造预期，推动预期的实现。当前，在化解金融风险过程中，要依靠政府的威望和财政的力量提高金融机构的信誉，增强人们的信心。此外，抓好舆论导向，培育“人气”也是重要的。

我国成立金融资产管理公司化解银行不良资产，有没有前景，关键在于能不能让人树立信心。成立资产管理公司，让信贷资产证券化，以有价证券替代货币，实际上也就是采取延期、转换债权债务关系主体、改变债权债务关系载体的方式让不良资产“慢慢消化”，有人把这种方式称为“软着陆”。“软着陆”应当有信用基础和经济基础：信用基础取决于社会公众对银行的信任，经济基础取决于效益。如果这两方面条件都具备，不良资产有可能慢慢消化，否则银行就难以维持。还必须指出的是，在当代信用货币制度下，银行的负债有一部分可以不还，也就是一部分人长期持有货币，将它作为价值保存，而不用于支付。这样银行就会形成一笔长期负债。长期负债的形成，有利于不良资产的“软着陆”。随着人口老龄化趋势的增强，银行的长期负债可能变得更多，这有利于消化更多的不良资产，但不能消化全部不良资产。

3. 需要确立金融风险的可容忍度

时任国务院总理温家宝在考察浙江温州的金融状况时，提出需提升对小微企业金融风险的容忍度。

这样的提法，旨在放宽对小微企业的融资限制，推动经济发展。同时，这给我们留下一个理论问题：金融风险是有“度”的，在什么程度上可以容忍，在什么程度上不可容忍？

商业银行为什么要计提“拨备”？是为了弥补风险带来的损失。提多少，这就包含着“度”的问题。“度”包含着多和少的问题，是不是越多越好，是不是越少越好？这当中要权衡，而权衡的标准就是要把风险放在可容忍的范围内。

各商业银行在报告不良资产时，都在讲“双降”，似乎越低越好。

其实，这不完全符合辩证思维。商业银行不良资产不仅决定于人，而且会随客观情况变化而变化，总是有起伏的，不可能一直都在下降。所以，我们要实事求是地、现实地看待金融风险和不良资产，去把握好这个“度”，研究这个“度”。

二、要着力从动态的视角观察金融监管

（一）金融危机后，发达国家金融监管制度安排和理念的变化

1. 金融危机后发达国家对金融监管制度的安排出现了几个值得关注的变化

（1）维护消费者或投资者的权益。

（2）不能任意用纳税者的钱去挽救金融机构的危机。

（3）推行“反周期对冲”，即在经济景气时期多做准备，对冲经济萧条时期的经济损失。这可谓抽肥补瘦，以盈补亏。

（4）监管的范围扩大了，如信用评估公司也要监管。监管的层次提高了，如对美国联邦储备银行也要监管。监管的深度加深了，如对高管人员薪酬也要监管，监管的手段细化了；如重新制定会计核算办法，对资产

负债状况以公允价值去评价；监管的切入点发生变化，如侧重对金融创新（衍生金融品，非一般的资产业务）的监管。

2. 金融监管的实际变化反映了管理层监管理念的变化

（1）在鼓吹金融自由化的时代，管理层着力放松监管，而现在是强调加强监管。

（2）过去是看重多元监管的优势，现在是看重集中监管的优势。

（3）过去的监管寄希望于金融机构内部，现在的监管寄希望于金融机构外部。

（4）过去任意拿纳税人的钱救助，现在不敢乱花纳税人的钱。

（二）我国金融监管制度安排的反思

1. 金融监管的目的

金融监管的目的可概括为四方面：一是防范风险，二是增强信誉，三是保护消费者，四是维护金融秩序的正常运行。金融监管在操作上要慎重，在舆论上要内紧外松。怎样保护消费者的权益？主要是信息要真实、透明，不能欺骗消费者。例如，金融机构推出一种金融产品向消费者销售，监管方应规定其把利弊得失都向购买者讲清楚。

2. 金融监管体制的安排

大体来说，国外的金融监管体制有两种类型：一是多元化监管，如美国的金融监管机构有美联储、货币监理署、存款保险公司，以及维护消费者利益的机构和金融稳定监管委员会；二是一元化监管，如英国的金融监管，由金融服务局负责。我国实际上是一元化监管，方方面面的金融活动，都由证监会和国家金融监督管理总局等监管。这些机构虽然大体是按行业设置，但其监管活动是从上到下的。这样好不好，值得研究。高度集中监管的好处是有中央力量、政策统一和令行禁止，但缺陷是力量不一定能够达得到各个层面。我国应当分层监管，也就是要充分发挥各级政府金融办的作用。因为监管集中不仅可能力量达不到各个层面，而且可能权责不对称。例如，某些贷款由上面给钱，而下面承担了责任；再如，机构设立由上面批准，而下面增加了工作量。

3. 监管的对象

总体来说，监管的对象，不仅是活动，还有人。对于市场准入的资格审查，实际上是在监管人，但不能说这个人符合市场准入条件，监管的任务就结束了，还应该继续观察这个人的所作所为。具体来说，监管的对象，除了资产的风险以外，还应当监管资本金怎么使用，信托业务怎么操作，中间业务怎么收费。我国现在一些金融机构既从事商业性业务，也从事政策性业务，这些业务的制度安排、政策规定、行为规范，都应当属于金融监管对象。国家金融监督管理总局主要监管银行类和保险类金融机构，非银行类和保险类金融机构由证监会监管。除此之外，还有些非金融机构或准金融机构，如信用评级公司、会计师事务所、贷款公司等，由谁监管？金融风险和金融危机的产生，主要原因是信用评级公司、会计师事务所作弊造成的。笔者认为，大家应认识到对这些机构加强监管的重要性。

（三）要关注不同领域的金融风险

不同地区，经济发展不平衡，市场化程度有差异，会导致其金融风险的程度不同，产生的原因不同，暴露的方式不同，转移的途径不同。

怎样考察金融风险存在的领域？金融风险的存在有显现的，有潜在的。显现的金融风险会给人直观的感觉，人们容易发现；潜在的金融风险，人们不容易发现，考察它的严重程度也不容易。值得我们关注的金融风险有：

（1）票据融资，主要是虚假票据，没有真实的交易作为基础。

（2）地方政府融资平台的融资。

（3）修路如修高铁和地铁带来的债务。

(4) 经济结构调整中，将要被淘汰的产业和产能过剩的产业如钢铁等，相关企业积累的债务。

(5) 各种融资公司带来的风险。过去很长一段时间，典当公司、担保公司、贷款公司、投资公司如雨后春笋般出现。曾经湖南 H 市 X 县，有“投资公司一条街”，据说一条街上有 36 家投资公司。这些公司除了挂牌明目实价兜售相关服务，还会派经纪人在门口招揽生意。

这些公司实际上没有从事它本来的业务：典当公司没有典当，担保公司没有担保，它们主要做的是吸收存款、放贷款，或变相的吸收存款、放贷款。

这些公司的生命力何在？①回报高；②钱来得快，适应了商家临时周转的资金需求；③有地方执政者的支持。

这些公司是谁批准成立的？金融办。县政府金融办就有权批准。有人向笔者透露，某县金融办，一年内就批准了 153 家类似的公司成立。

这些公司怎么结算？①以现金为主；②开私人账户，通过私人账户转账。

(6) 考察显现的金融风险，要看资金链、现金流；考察潜在的金融风险，要看资产负债比、还债能力。

(四) 监管要借助外部力量并关注道德风险

1. 监管要借助外部力量

接受群众提供的信息也是监管，接受群众反映的情况也是监管。监管手段：事前，比例控制；事中，现场检查；事后，信用评估。重要的是要关注监管流程。

2. 特别要关注道德风险

道德风险如金融机构提供虚假信息，特别是账外账、两套账、表外账。笔者了解到，农村信用社以及一些银行都有两套账，明一套，暗一套。明的一套账不真实，有夸大，有缩小，如不良贷款、实收资本、非贷款资产等数据往往不真实。

有的农村信用社表面上的资本，往往低于其实际情况，资本被抽走了。所谓“运营资本”，资本会变成存款，一会儿抽走，一会儿补上。这些金融机构设两套账，提供虚假信息，这属于道德风险，也属于操作风险。

(五) 怎样考察地方政府的还债能力

1. 从存量方面考察和从流量方面考察

对地方政府的债务承受力，要从存量和流量两个方面去考察。

从存量方面考察，主要立足于地方政府的资产－负债。

地方政府作为一个政治经济体，与企事业单位一样，也有资产–负债：

（1）地方政府的资产应当包括：地方政府所有的地方国有企事业单位的资产，地方政府投资形成的资产，地方政府财政收入的结余等。

资产有两种性质，即固定性资产和流动性资产；资产有五种形态，即房屋设备、原材料、各种存货、应收账款、银行存款和库存现金。

（2）地方政府的负债应当包括显性负债、隐性负债和或有负债。显性负债：主体、数额都是确定的，如地方政府发行的债券，拖欠的教师工资、工程款项等。隐性负债：主体确定，数额不确定，如应付未付社保基金等。或有负债：主体、数额都是不确定的，如地方政府出面担保商业银行贷款等。地方政府的负债属于公共负债，即最终要靠纳税人的钱偿还。

（3）从债务承受力的角度考察，要关注资产–负债比率，即负债占资产的多大比例（通常以年末数相比）。如果地方政府主要提供“公共产品”，维护社会秩序和地方的平安，则一般来说，地方政府的负债只占地方政府资产的百分之几（如美国只占 8%，新西兰只占 10%）。但如果地方政府不只提供“公共产品”，还从事或主要从事其他投资经济业务，则地方政府的负债占地方政府资产的比例就比较大，甚至负债超过资产。

企业负债超过资产，会进入破产边缘。如果政府负债超过资产，也会进入破产边缘（在美国就有地方政府破产的）。

在我国，地方政府有多少资产、多少负债，没有清算过。没有清算，不等于不存在。从考察清偿力的角度来说，就应当清算。

从流量方面考察，要立足于地方政府的收支。

地方政府的收入主要有：

财政税收收入——如地方税收；

政府投资收入——如投资分红；

资产变现收入——如地方国有企业资产变现；

土地变卖收入——征收农民土地拍卖。

地方政府的支出主要用于维持地方经济发展和社会正常运行的投入。

2. 对国际公认的警戒线的评价

从债务承受力的角度考察，要考察在当年的收入中能够拿多少钱来偿还。承受力的考察有三个指标，形成了国际公认的警戒线。这三个指标是：

$$负债率=\frac{年末政府债务余额}{当年地方\ GDP}<10\%$$

$$债务率=\frac{年末政府债务余额}{当年财政收入}<100\%$$

$$偿债率=\frac{年末债务还本付息额}{当年财政收入}<15\%$$

这三个指标中最重要的是偿债率。偿债率要小于15%，如果大于15%，地方政府就无法生存。

3. 分析地方政府还债能力的三个因素

分析地方政府的还债能力，重要的因素有三个：归地方政府支配的各种收入，当事人的素质，市场的发展程度。收入是基础，当事人是核心，市场的发展程度是保障。没有收入就不能还债；有了收入，当事人不讲信用也不还债；市场不发展、资产流动不起来，变不了现，想还债，也还不了。所以这三个因素是重要的。三个因素中，当事人是重中之重。如果当事人有"吃大锅饭"的想法，欠账留给中央或让后人去处理，"虱多不痒，账多不愁"，则可能会积重难返。

还有一个问题需要思考：我们以什么态度来对待地方融资平台的清理问题？有人说清理地方政府融资平台，要唱喜剧，不要唱悲剧，更不要唱闹剧。笔者的理解：唱喜剧是要让大家高兴；唱悲剧是要让大家都不高兴；唱闹剧，无所谓高不高兴，有头无尾，有始无终，不了了之。

笔者觉得对待这个问题，要看站在什么立场来说。站在中央政府的角度，主要是监管，不能使国家财产出现损失。站在地方政府的角度，主要是维护公允，在事权与财权不对称的情况下，要让地方政府办事不得不占用银行资金。但笔者觉得最重要的是站在老百姓的角度看问题。从这一角度出发，就是要让老百姓“安居乐业”，生活得更好。具体而言，清理地方政府融资平台，就是要让这个问题进入良性循环，清理是为了开辟良性循环的通道。因为在我国的体制下，地方政府融资平台是少不了的，过去有，现在有，将来还会有。问题是怎么让这个平台规范运作。

（六）防范风险为了谁的利益

防范金融风险，无非维护三个方面的利益，即国家利益、集体利益和普通老百姓的利益。从金融的视角来说，维护国家利益，主要是维护国家信用等级；维护集体利益，主要是维护它的市场份额；维护普通老百姓的利益，主要是维护他们的资产、货币，使其不贬值。

现在我们在这一方面存在的问题是“重视中间，忽略两头”。**也就是说，我们更注重金融风险给企业带来的影响。要知道国家是存在信用等级的，评价国家信用等级也有一系列指标。国家信用等级主要靠政府维护，也要靠企业、老百姓维护。**例如，清算系统是否安全、有效、讲信用，主要是企业、老百姓的事。

金融风险对老百姓利益的影响，面广、程度高，值得被关注。比如，2007 年 2 月 27 日，所谓的中国股市“黑色星期二”，沪深两市 830 只股票跌停，近千只股票跌幅超过 9%。一天之中，市值缩水 10 434 亿元。这种状况使数以千万计的人的资产受损。这是一个史无前例的事件，值得深思。

金融风险给国家带来的损失，能够由财政弥补；金融风险给企业带来的损失，能够以盈补亏，甚至可以冲销；而金融风险给老百姓带来的损失，只能由老百姓自己承担。所以，在当代，怎样让我国老百姓在金融活动中避开风险，少受损失，是建设和谐社会的题中应有之义。政府、金融机构要为老百姓创造条件（如进行投资者教育，提供各种信息，维护公正、公平等），分散风险，分摊风险。进一步说，有些风险要靠政府、机构承担，有些损失要由政府、机构弥补（如天灾、人祸带来的贷款损失等）。当然，要让老百姓在金融活动中避开风险，少受损失，主要的、直接的和现实的手段，还在于稳定物价，维护资产价格稳定。

参考文献：

[1] 曾康霖. 试论文化、宗教与金融事业发展[J]. 征信，2014，32（7）：1-6.

[2] 曾康霖. 试论金融与社会发展的关系及其制度安排[J]. 征信，2019，37（11）：1-8.

[3] 曾康霖，吕晖蓉. 对我国金融热点问题的探讨[J]. 西南金融，2012（9）：4-8.

[4] 甄立. 浅析虚拟经济、经济泡沫与泡沫经济[J]. 河北职业技术学院学报，2006（3）：60–61，74.

[5] 曾康霖. 虚拟是对实体的超越[J]. 中国金融，2009（7）：96.

[6] 曾康霖，罗晶. 金融要成为社会稳定和发展的保障系统：五为中国金融立论[J]. 征信，2021，39（12）：1–11.

[7] 曾康霖. 论金融脆弱性、富韧性与金融风险[J]. 银行家，2004（9）：16–17.

[8] 曾康霖. 怎样审视地方政府融资平台[J]. 西南金融，2011（9）：4–5.

[9] 曾康霖. 试析金融风险、金融危机与金融安全[J]. 金融发展研究，2008（2）：3–7.

第七章　对我国金融热点问题的探讨

多年来，人们在关注国内外经济发展变化的同时，特别注意到金融领域中一些不同寻常的情况：物价上涨，通货膨胀，而银行的存款利率却不相应地变动；民间高利贷盛行，小微企业融资困难，而金融机构的准入门槛却不相应地降低；工商企业成本增加，利润率下降，经营困难，而商业银行利润却高企等。对于这些问题，有的学者把它提到“维护既得利益，不愿意推进金融改革”的高度来认识。在2012年召开的两会上，一些代表和委员针对上述问题发表了不少意见。可见金融领域的问题已经是国家大事，成为参政议政的内容之一。此后，政府又鼓励民间资本进入金融领域，提出要打造“绿色金融”。

基于对社会的责任感，更基于对金融业的关注，笔者针对以下问题提出意见，供实务部门和学术界探讨。

一、对民间资本进入金融领域的探讨

民间，作为一个空间概念，是相对于“官方”而言的，民间资本也就与“官方”的资本有区别。在我国，“官方”的资本是国有资本，所以民间资本又可理解为非国有资本。这里探讨的并非指所有非国有资本进入金融领域，而是指非国有资本中的特定部分进入金融领域。这个特定的部分主要是由私人掌握的货币资金。所以概括地说：鼓励民间资本进入金融领域，也就是鼓励私人持有的货币资金进入金融领域。这样的辨析绝不是概念游戏，而是政策规范，它关系着政策导向。

2005 年 8 月，国务院就在下达的《关于鼓励支持和引导个体私营等非公有制经济发展的若干意见》（又称“36 条”）中提出，“允许非公有资本进入金融服务业”，其中，“允许非公有资本进入区域性股份制银行和合作性金融机构。符合条件的非公有制企业可以发起设立金融中介服务机构。允许符合条件的非公有制企业参与银行、证券、保险等金融机构的改组改制”。2010 年 5 月，国务院又发布了《关于鼓励和引导民间投资健康发展的若干意见》（又称“新 36 条”）。

“新 36 条”再次提出要“允许民间资本兴办金融机构”，其中第十八条还明确指出，“支持民间资本以入股方式参与商业银行的增资扩股，参与农村信用社、城市信用社的改制工作”“鼓励民间资本发起或参与设立村镇银行、贷款公司、农村资金互助社等金融机构”“支持民间资本发起设立信用担保公司”“鼓励民间资本发起设立金融中介服务机构，参与证券、保险等金融机构的改组改制”。为了实现上述政策目标，第十八条还提到要放宽几个具体的限制，从而把几道看得见的门开得更大一点。其中包括“放宽对金融机构的股比限制”“放宽……最低出资比例的限制”“适当放宽小额贷款公司单一投资者持股比例限制”“落实中小企业贷款税前全额拨备损失准备金政策，简化中小金融机构呆账核销审核程序”。这一过程表明：让民间资本进入金融领域，是我国政府既定的政策，“新 36 条”提出的是“鼓励”，有别于“允许”，强调由被动变为主动。

（一）鼓励民间资本进入金融领域的原因

2010 年左右，有人大致估计，我国民间私人持有的货币资金量达两万亿元左右（有人说三万亿元），约占货币供给量的四分之一。换句话说，有四分之三的货币资金在银行和各种金融机构中有组织地融通，有四分之一的货币资金在银行和各种金融机构外无组织地融通。鼓励民间资金进入金融领域的实质，就是想把这四分之一的存在于银行和各种金融机构以外的货币资金组织起来，有序地融通，让它发挥积极作用。此外，鼓励民间资本进入金融领域的初衷就是调整融资结构，解决小微企业、个体经济的融资困难。能不能实现这一初衷，需要靠实践来检验。这里仅就“以小对小，以私对私”是不是好的选择来进行理论探讨。

有人主张，我国融资结构应当“以小对小，以私对私”，因而只有兴办民营银行才能解决小微企业特别是民营小微企业的融资问题。笔者认为问题并非这样简单。小微企业的融资需求有几种情况：有基本建设投资的融资需求，有经营管理中资金短缺的融资需求，有新技术、新产品开发的融资需求。不同的融资需求应当通过不同的途径去解决。第一种融资需求应当选择自我积累和政策性金融的途径解决，第二种融资需求应当选择商业性金融的途径去解决，第三种融资需求应当选择风险投资的途径去解决。这表明，组建民营银行“以小对小，以私对私”是不能完全解决小微企业融资问题的。但这样说并不是否认在市场经济中需要小型金融机构。从哲学的角度说，事物都是由小到大，大中包含着小；从经济学的角度说，小有小的长处，也有短处。它的长处是比较灵活，“树大招风”，树小可避风；业务的覆盖面广；运作的针对性强；可适顾客之需，解顾客之急；决策层次少，能提高效率等。而它的短处是实力不强，承受风险的能力弱。**实践证明，“大”不一定能防范风险，反之“小”也未必不能防范风险，关键在于体制和**

机制。在体制上产权明确，在机制上权利分明，就能防范风险。防范风险与承受风险是两码事。即使一家机构能有效地防范风险，也不等于它承受风险的能力强。从金融机构的发生、发展趋势来看，着力建设小型金融机构是否符合时代潮流，是不是正确的发展方向？这需要探讨。有人说“小”的缺陷是不能形成规模经济，不能“多种经营”以盈补亏，只能做零售业务，不能做批发业务；业务分散，涉及面广，包含着更大的风险；机构小，难以提高信誉；机构小，容易被个别人把持，这样容易发生道德风险，难以建立分权监管制度。我们认为这些的确需要注意。但必须指出的是，融资取决于经济的发展和客户的需要，金融机构是大好还是小好，不能一概而论。大有大的好处，也有难处。小有小的好处，也有难处。现在的问题是，“以大对大，以小对小”是否符合事物的发展规律，是不是好的选择。其实“大”予以“分离”能够对“小”，“小”予以“合作”能够对“大”。现代商业银行面对的客户不应有大小之分，只应有优劣之分。

（二）鼓励民间资本进入金融领域

我国相当一部分民间资金已经进入贷款公司、担保公司、投资公司、租赁公司、典当行等进行融资活动，这些总体来说应当是合规的，是阳光下的金融活动。把这部分金融活动纳入私人持有的民间资本进入金融领域的组成部分，则它可能占民间资本存在于银行和各种金融机构的资金的40%，所以要鼓励民间资本进入金融领域。已经有相当大一部分的民间资金进入金融领域。鼓励民间资金进入金融领域是否必须大力发展小型金融机构呢？从管理制度规范的角度说，应当如此。如何发展这样的金融机构？历史的经验和国外的教训告诉人们：私人无论是法人还是自然人，都是不能办银行的，这是基于银行这种金融机构的特殊性。私人的货币资金要进入银行，只能通过参股或购买股票等方式进行。这不仅是因为股份制银行具有社会性，而且因为它只能对负债负有限责任而不能负无限责任。所以鼓励民间资本进入金融领域，让私人办银行这个口子不能开。能够让私人持有的货币资金进入金融领域的途径，只能是让私人参股入股商业银行和其他金融机构或准金融机构。前文提及的“36条”和“新36条”也明确了民间资本进入金融领域的途径，但实际上是有条件的，这些条件必须在理论上确立，在实践中操作可行。

金融是个风险行业，民间资本进入金融领域的重要条件之一，是有人承担风险。**仅就商业银行来说，由谁来承担风险不完全取决于我国金融的总体状况，而在很大程度上取决于改革、发展的趋势。因为状况是会变的，而且不能说“存在总是合理的”，只有从变革的角**

度看问题，才符合时代潮流。进一步讲，由谁承担风险取决于以下机制：①风险控制机制。金融业是个风险行业，能不能建立民营商业银行，首先要考虑风险如何控制。在市场准入中，为什么要求进入者有足够的资本金，为什么要求从业人员特别是管理层要有符合条件的任职资格？这无非为了风险控制。如果有足够的风险控制能力，就应当依法建立民营商业银行，建立的民营商业银行要自担风险，不能把风险转嫁给中国人民银行；当然，也不能把风险转嫁给社会，对此必须建立银行保险机制。有人说，要兴办民营银行，必须首先建立银行存款保险公司，这是很有道理的。②资金的供求机制。金融以信用为基础，信用双方产生供给与需求，反映在银行业务中也就是信贷资金的供求。中国经济发展不平衡，信贷资金的供求也不平衡。从总体上说，国有银行一定程度上垄断的局面有其存在的基础，但从局部说，国有银行这种垄断就不一定符合经济发展不平衡以及融资结构的状况。现阶段值得注意的情况是：经济发达地区，货币资金充裕，而且货币资金主要掌握在民营企业家手中。在这样的地区，怎么投资、融资，国有银行是无法左右局面的，而主要取决于企业家的选择。企业家的选择反映为对货币资金的供求。货币资金的供求为什么一定要集中到国家银行呢？信用关系不仅是双方的，而且是平等的，平等意味着自主权。所以从维护信用的平等权和融资的自主权出发，也应允许依法建立新兴商业银行。③市场的退出机制。在考虑民营商业银行的市场准入时，就必须设计好它的退出机制。总结我国过去金融机构设立的经验教训可知，过去不仅没有严格规范的准入机制，而且没有建立退出机制。例如城市信用社，想当初讨论为什么要建立城市信用社时是何等热闹，几乎是一片“喝彩”声。后来城市信用社运转不灵后，大家没有去充分讨论它们的退出，只是“一关了之”，把风险几乎全部转给了中国人民银行，由中国人民银行“填窟窿”。过去的经验教训，归纳起来说，都是没有严格按市场机制运作造成的。如果严格按市场机制运作，就没有理由不让民营商业银行建立。

总之，银行也是一种企业。这种企业供给产品，它能否存在取决于它的产品能否满足社会需求，如果它的产品供大于求，社会对它的产品的需求减少，它自然会退出市场；如果它的产品求大于供，社会对它的产品的需求不减少反而增加，则自然有它施展才干的余地。从监管者的角度来说，要促使这种企业真正地自主经营、自担风险、自负盈亏。所以要不要设立民营银行，不在于私人资本的规模够不够，而在于私人资本有没有自己承担风险的能力。而影响自己承担风险的能力的因素有很多，重要的是广大社会公众的信用观念和信用秩序。在信用纪律建立和完善以前，金融风险会加大，这是不以人们意志为转移的，也是私人资本无法控制的。从这个意义上说，对于要不要办民营银行的问题，要慎之又慎，但不能不允许试点。

（三）民间资本进入金融领域的关键在人

2012年，在鼓励民间资本进入金融领域的形势下，国务院决定金融改革在浙江温州试点，其改革的12条内容中主要有两个亮点：一是让民间资本进入贷款公司，二是让符合条件的贷款公司改制为村镇银行。这两个亮点的实质是让一部分有钱的人进入金融机构，经营金融业务，让私人主持的金融机构有权面向社会公众吸收存款。这样改革的初衷是想把民间的货币资金纳入有组织的融资活动，合理进行金融资源分配，维护金融稳定，使金融秩序有序运转。

这样做要取得积极效果，重要的是人，即让什么样的人进入金融机构把民间资本纳入有组织的金融活动，以实现改革的初衷。广东发生过HD融资担保公司董事长陈某某出逃事件，事件的主要原因是该公司截留所担保的企业借款用于理财，结果资金链断裂造成巨大损失，给银行带来风险，给社会带来灾难。此外，农业银行某支行发生过行长孙某携巨款举家外逃的事件。能让陈某某、孙某这类人进入金融领域吗？因此，当务之急是提高金融领域从业人员特别是高管人员的素质，关注他们的品德、行为。我国需要提高金融高管人员进入金融市场从业的门槛。同时我们也应当看到：让民营资本进入金融领域可能会带来消极后果，产生副作用。这种副作用主要集中在两个方面：一是“洗钱”，二是“以钱炒钱”。现阶段的情况是，相当一部分货币资金在民间融通，追求高利。我们不能回避这种状况的存在，这种状况有着相当大的风险，而且已经产生了不少民事纠纷。在这种状况下，从管理的角度来说有两种思路可供选择：一是让民间资金自由融通，自担风险，自求平衡，也就是说让当事人权责自负，出了事不能找政府；二是让民间资金进入金融机构进行有组织地流通，其价格、数量、流动的方向、渠道的选择都由有关单位调控。这两种思路，前者能体现市场化，而后者则意味着必须加强监管，不能放任自流。要让民间资本进入金融领域，有组织、有序地融通，重要的条件之一是讲信用。如果相关方缺乏诚信观念，则无法使民间资本有组织、有序地融通。重要的条件之二是不能“以钱洗钱”。我们要致力于使货币资金进入实体经济领域。如果持有资金的主体都急功近利，热衷于“以钱洗钱”，就必然会导致行为偏差，产生不良后果。重要的条件之三是有生意可做。要让企业有生意可做，就要培植资源，合理分配资源，明确实体经济的投资方向。如果有货币资金，没有资源，或者有资源而资源分配不合理，则都不可能把民间资金组织起来，有序地投向实体经济，很可能会存在“以钱洗钱”的现象。在我们看来，钱不少，货币资金很多，却没有更多的投资方向可供选择，这才是问题的要害。

二、对商业银行获得高额垄断利润的探讨

过去一段时间，实体经济领域由于原材料成本、融资成本、人工成本上升，利润率趋低，大多在10%以下，难以赚钱。而商业银行利润率很高，总量扩大。有人在这种情况下质问，商业银行为什么能获得这么高的利润，赚的钱是从哪儿来的？甚至有人提出，银行赚的钱要回报社会等。对于这些问题，需要做出以下理解：

（一）商业银行的利润构成及其特殊性

商业银行利润来源于银行的营业收入，商业银行的营业收入大体有三类，即存贷款利差收入、投资收益、手续费及佣金收入。过去很长时间内，我国商业银行的存贷款利差收入占大头，占70%~75%；其次是投资收益，占25%~30%；手续费及佣金收入较少，占比在10%以内。利差收入来源于居民和企事业单位的存贷款利息。投资收益包括同业拆借、购买国债、央行票据、金融债和企业债利息收入。同业拆借利率变动因时间、

数额而定，一般在5%左右，接近贷款的基准利率；国债、央行票据、金融债和企业债利率是相对固定的，一般高于存款的基准利率。基层商业银行还有一项资产，即在中国人民银行和上级银行的存款。现阶段商业银行在中国人民银行的法定金存款利息率为1.62%。商业银行在中国人民银行的超额存款准备金存款即备付金利息率为0.72%。在商业银行整个营业收入中，投资收益占25%~30%，特别是一些存贷比偏大的商业银行，从同业和中国人民银行获取的利差收入更多，在营业收入中投资收益占的比重更大。

剖析商业银行的利润来源，我们可以了解银行赚了哪些人的钱：商业银行的利润能够来源于顾客，能够来源于同业，能够来源于中国人民银行，能够来源于财政，还能够来源于自己。来自顾客是对顾客收入的分配；来自财政是对财政收入的分配；来自同业、中国人民银行、自己，也就是来源于金融系统。对顾客收入和财政收入的分配，一般来说是对已供给于社会中的货币的分配；但来源于金融系统自身，就不只是对已供给于社会中的货币的分配，它还会引起货币供给的增加。利润来自金融系统自身，不是来自商业银行对外产品的销售，从这一点来说，商业银行利润具有内生性。在这种状况下，商业银行获取营业收入从而增加利润的情形有别于工商企业。工商企业只有通过产品销售才能获取利润。从这一点来说，工商企业获取利润必须是外生性的。此外，商业银行利润具有连续性，如中长期贷款的利息收入，在若干年之内银行能够连续收息，稳定赚钱。一些商业银行利润的形成还具有阶段性，如财政对银行贷款的贴息收入必须在一定的时间空间内集中清算拨付，这就使商业银行的利润集中增加。商业银行利润形成的这些特殊性，使商业银行的利润会在一定时期内大幅变动。

（二）我国商业银行获得高额利润的重要原因

商业银行获得高额利润首先是因为银行是个负债经营的企业，做的是“小本生意”。按巴塞尔协议的要求，银行的核心资本必须占权重风险资产的8%。通俗地理解，也就是用8%的本钱，可以做100%的生意。众所周知，银行融通资金主要源于吸收存款，而且还能派生存款、创造流通工具。如果吸收存款、创造派生存款、创造流通工具的成本低于资产的价格，则可以稳定赚钱。我国的实际情况是银行的利差比较大，仅就一年期存贷款利率看，过去长期有约三个百分点的利差，自然能够稳定赚钱。另外银行利润高的重要原因是中国人民银行长期实行名为“稳健”实则“宽松”的货币政策，连续多年货币供给量都有15%以上的增长，绝对数从几千亿元到上万亿元。大量的货币供给为商业银行提供了巨额的资金来源。与此同时，资金需求总体短缺，需要钱的人多，这是放款获取高利的“天赐”良机。再者，银行有“自己创造利润”的能力，“贷款付息”就是对它的诠释。这些分析主要是想说明：多年来银行赚大钱不是偶然的，有其必然性。这些分析也不否定一些商业银行有违规经营、乱收费的状况。但乱收费的情况微乎其微。

（三）垄断与高额利润相关，但没有必然联系

银行赚大钱是不是我国银行业垄断的结果呢？从市场份额的角度来说，我国银行业的垄断状况是存在的。由于我国的大银行是国有控股的大银行，而国有控股的大银行面对的顾客又是控制着国民经济命脉的国有大型企业，这些国有大型企业在国民经济中发挥着主导作用，占有和分配着社会的重要资源，所以必然形成垄断。垄断与高利润相关但没有必然的联系。说它相关，是因为在国有大银行控制着金融市场的绝大部分的情况下，这些银行可能会不受约束。谁给它不受约束的权利，推动它不受约束？除了这些银行追求自身利益的最大化外，还有超越自身利益的外部压力驱动，这个压力驱动主要来自政府，政府要保经济增长，就要银行给钱来推动。所以，我国银行过去多年间获得高利，在相当高的程度上是政府要钱推动经济增长形成的。说它没有

必然的联系，是因为如果在垄断条件下伴随着竞争，银行就难以获得高额利润。西方一些国家的银行业也存在着垄断，但未获得高额利润，或者说其利润率不像我国银行那样高，其原因就是在他们那里还存在着一定的竞争。在存在竞争的条件下它们不能随意扩大利差，不能不提高服务量，不能不进行金融创新。当然它们那里也存在着信息不透明、办公不公开、举措不公正的情况，这些情况不是使整个银行业获得高利，而是个别银行、少数银行获利。

我国银行业的高利不仅存在于国有大银行，也存在于大批的中小股份制商业银行和城市商业银行。从全国来说，难以确定它们是否垄断经营，而事实上它们在区域中的竞争也较为激烈，所以不加区别地说我国银行业获得高利是因为垄断，失之偏颇。

我国银行获得高利后怎样回报社会？这是一个涉及各方利益的大问题。利润分配取决于董事会的决定，而董事会的决定要符合相关的政策法规。所以要讨论获得高额利润后的分配问题不是简单的“回报社会”一句话能解决的。银行尤其是上市的银行，回报社会的方式不仅是“利润分红”，还有提升服务质量。把业绩做好，提升企业经营水平使人们对股票行情有好的预期，是最好的回报。

商业银行负债经营能增加资金来源，能使资产迅速扩大，巴塞尔协定明确规定要使资本约束资产。商业银行在迅速扩大的同时必须充实资本，而资本的增加重要的是先积累，利润中的相当部分也在于积累。这是银行与一般企业在资产负债构成上不同的地方。我们要看到商业银行高利润形成过程，更要看到商业银行利润分配的特殊性。

三、对绿色金融与金融企业社会责任的探讨

绿色金融相关问题早在21世纪初便提出来了，但那时没有明确提出“绿色金融”的概念，而是提出了“赤道原则”。这是2002年10月，世界银行下属的国际金融公司和荷兰银行在伦敦召开的国际知名银行会议上确立的项目融资的贷款准则。

这项准则要求金融机构在向一个项目投资时，要对该项目对环境和社会可能带来的影响进行评估，强调要让金融杠杆在保护环境和促进社会和谐发展方面发挥积极作用。也可以说“赤道原则”是项目融资的一个新标准。赤道原则原名是“格林尼治原则”，格林尼治是伦敦的郊区，由于会议在这里召开，协议在这里达成，因而以此地命名。后来有人说以此命名，只适合北半球，不适合南半球，而这样的原则应当是适合全球的，故更名为“赤道原则”。

赤道是地球南北的分界线，给该原则取名“赤道”，意即“非南非北”，以此表示公正、公平。站在什么角度以示公正、公平？站在社会的角度。谁站在社会的角度讲公正、公平？金融企业。所以贯彻“赤道原则”是金融企业的社会责任。2012 年 8 月 3 日在四川召开的绿色金融博览会就检验了我们金融企业的社会责任履行情况。

赤道原则应当是对金融企业融资的一个约束。一般人认为这是个“软约束”，因为关键在于金融企业有没有社会责任感。

当前企业的社会责任问题不仅是环境保护问题，还有其他问题。这些问题有显性的，也有隐性的；有直接的，也有间接的；有长远的，也有短暂的。例如食品安全问题是个大问题，现在有不少用含激素的东西催生的食品，究竟安不安全？其中有不少虚假信息。这从金融投资的角度来说，企业的行为不只是保护环境，而且还要保护人类的健康，保护人的生命。

金融最终是要保护投资者和消费者的利益的。金融企业在这方面应大有作为，怎样保护投资者和消费者的利益，大有文章可做。这当中包括倡导什么，反对什么；支持什么，不支持什么；保护什么，扬弃什么；宣扬什么，鞭挞什么。在这些方面，学界需要结合实际进行深入讨论。

现代商业银行已经不是简单的存贷款机构，而是一个网络系统、信息系统。一家银行能不能可持续发展，要看这家银行的凝聚力和辐射力怎么样。不少城市商业银行为了做大做强，都致力于在异地开分行支行，这一点需要分析和评判。我们总的指导思想是要以需求为重，而需求要看条件。一家城市商业银行到异地去发展，先要考察在异地有没有根基。如果没有根基，这家银行在异地的发展就不扎实。

四、兴办民营银行值得思考的若干问题

1. 办什么样性质的民营银行？

民营银行可能有几种性质：①民营商业银行；②民营合作银行或社区银行；③民营地方银行；④民营集团财务公司。不同性质的民营银行有不同的功能及不同的市场定位。民营银行的不同性质不是决定于事先的设计，而是决定于市场的筛选。换句话说，决定于其在市场竞争中能够取得的生存空间。民营银行的生存空间也不取决于事先的“设计”“赐予”，而取决于自身的适应性和选择性。

2. 如果选择兴办民营商业银行，则为了适应时代的潮流，要不要做大做强，怎么做大做强？

如果民营商业银行要做大做强，则要考虑怎么起

步。做大要靠信誉，做强要靠资产质量及现代科学技术。现在我国金融的格局是：国有银行垄断局面未改变，股份制商业银行竭力发展，地方性商业银行试图突破地区限制，金融市场总体上瓜分完毕。民营商业银行要做大做强，是重新瓜分市场，还是自己创造新市场，哪一种选择花费的成本高？当然，民营商业银行也可以不做大做强，维持小的优势，但必须有自己的特色，以特色取胜。

3. 民间资金入股金融机构，能否有效地将储蓄转化为投资？

关于这一点要研究两大问题：①民营企业家为什么热衷于办银行或参股金融机构？②将民营银行的市场定位于中小企业融资的可能性和现实性。要知道，中小企业融资，既要靠商业性金融，又要靠政策性金融；既要有外源性融资，又要有内源性融资，仅仅靠外源性融资，包括商业性融资，是不能完全解决问题的。再者，中小企业处于发展成长阶段，风险较大，而商业银行是要赚钱的，中小企业如果主要靠商业性融资，是不现实的。事实能证明这一点。

4. 民营银行的风险如何防范，不良资产如何处理？

考察这个问题要把握：①民营银行风险的集中点和爆发点。民营银行在运作中，如何消除“内部人控制”，怎样摆脱“关系人贷款”？实际情况证明，民营银行的风险主要不是信用风险，而是道德风险。②民营银行能不能赚钱，能不能积累？有积累，才有消化不良资产的能力。③如果民营银行自己没有能力消化不良资产，地方政府能不能出面分担？如果要政府出面分担，条件是什么？

5. 民营银行会不会受企业集团控制？

20 世纪 90 年代，台湾的公营银行大部分改制为民营银行，结果其大部分又被企业集团控制。这样的经验教训是，民营银行成了某集团的工具，有损于其他人的利益。

总之，我们在讨论兴办民营银行时，不能只讨论必要性，而要结合现实讨论可能性。我们要超前研究，展望趋势，分析民营银行的生命力和生存空间。

6. 我国兴办民营银行的环境如何？

对于我国要不要兴办民营银行，既要讨论它的必要性，更要考察它的可行性，为此不能忽略经济和金融环境。当前的情况是：机构融资为主、市场融资为辅的局面未改变，机构融资占 90%，市场融资占 10%。在机构融资中，国有独资商业银行的垄断局面未改变，大约占 70%。

7. “贷款难，难贷款”的原因是什么？

我国经济蓬勃发展，但不少金融机构仍然面临“贷款难，难贷款”的局面，好的项目难寻，一旦发现好的项目大家都争先恐后。产生这种情况的主要原因是：我国处于经济结构调整时期，供给和需求难以把握和测定。同时，我国还需要建立健全信用制度，强化信用观念和道德规范。

8. 民营企业家为什么热衷于办银行？

我国民营经济有很大发展，不少民营企业有大量的闲置资金，不少民营企业家有办银行的积极性。民营企业家为什么热衷于办银行？不外乎这三种考虑：一是为融资提供方便；二是以盈利为目的，有人认为金融业能带来丰厚的回报；三是等待上市以后“圈钱”。问题是：出于这样的目的办民营银行，可不可取，现不现实？

民营企业家热衷于办银行，是为大量的闲置资金找出路，即通过金融机构将企业储蓄转化为投资。通过这种方式将企业储蓄转化为投资的特点是：分散风险，转嫁风险，但能不能盈利取决于业务发展和资产的质量。在我国现阶段的条件下，民营银行的业务怎么发展取决于其能够占有的市场份额，资产质量取决于风险的控制程度。

9. 金融业的现实状况是什么样的？

金融业的现实状况是：现有的市场份额，要靠自己努力创造。如果要新设立金融机构，则其市场份额只能从其他金融机构中分割一块出来，或者自己下大力气培育新的市场。否则，日子难过。

在当代，由于种种原因，世界经济呈现出供大于求的趋势。与之相应的是社会平均利润率下降，金融业也不例外。资产回报率极低，资本回报率不高，“赚钱难，难赚钱”是我国金融业的现状和不争的事实。如果企业家试图通过兴办金融机构，使自己的资产获得较高的回报，只能说这是期望过高。

10. 金融业的风险状况是什么样的？

金融业有许多风险管理措施，尽管其中一些能够降低风险，但风险带来损失这一点是不可避免的。金融业的不良资产，过去有，现在有，将来也有。问题是金融风险形成的不良资产、带来的损失，由谁来处理、弥补？换句话说，风险由谁承担？是当事者、是政府，还是社会？在风险分散机制、转嫁机制未建立健全以前，只能是“吃不了，兜着走”。

11. 对于兴办民营银行，宏观上应如何考虑？

当代金融业发展的趋势是做大做强，民营银行要不要做大做强，怎么做大做强？这是事关民营银行发展前景和生命力的重大问题，必须事先做出总体的布局和决策，不能“摸着石头过河”，走一步，看一步。当然，也可以选择维持现状，像美国社区金融机构那样，“以小对小”。但这样做便违背了民营企业家兴办民营银行的初衷。再者，社区银行不是真正意义上的商业银行。所以，这里还需要讨论办什么样性质的民营银行。

12. 兴办民营银行在我国金融改革中能起到什么作用？

我国的金融改革是要创造条件使企业（包括金融机构）、家庭的货币储蓄和闲置的资金有效地转化为投资，并取得合理的回报。举措之一是试点兴办民营银行，但即使有了众多的民营银行，也难以改变“钱用不出去”的局面。所以重要的是发展各类金融市场，增加各具特色的金融商品和融资方式，帮助和引导企业与家庭理财，让它们在理财中使资产保值、增值。

13. 兴办民营银行，重要的条件是什么？

从现实性来观察兴办民营银行的重要条件，笔者首先要指出的是：信用环境。信用环境包括信用理念、信用秩序、信用纪律、信用管理等，概括地说，就是信用制度建设的状况。如果信用环境不佳，或者说信用制度的建设不完善，民营银行是兴办不起来的，即使办起来了也缺乏竞争力和生命力。

14. 在当前的金融格局下，有没有民营银行的生存空间？

当前我国银行经营格局正在发生变化。这种变化，可概括为：国有商业银行保业避险，股份制商业银行积极进取，地方商业银行力图跨区域发展，外资银行等待观望。

国有商业银行为什么保业避险？我国国有商业银行

占有较大市场份额，且国有背景使其承担了较多的社会责任。在这种状况下，国有商业银行要先保业绩，再创业绩。

股份制商业银行为什么积极进取？因为这些银行中相当大一部分是上市公司，上市公司要创业绩、树形象，同时要寻求更广泛的合作。

地方商业银行为什么力图跨区发展？因为我国经济的发展出现了区域协同发展的趋势，不跨区域发展，这些银行的经营可能会难以为继。

银行经营格局的变化给理论研究和实际工作带来了不少值得思考的问题，这可以说是经济制度变迁导致的金融制度变迁。

第一，不良资产的增量集中反映在地方商业银行，由此带来的风险损失是由中国人民银行承担，还是由地方财政承担？很值得研究。

第二，银行兼并及跨地区发展，能够做大，但做大了之后是否能做强？取决于两个因素：不良资产能否核销，资本金能否得到充实。

第三，鼓励企业和个人投资银行要建立什么机制？让企业投资银行，需要分析的机制有：

（1）民营企业家投资银行，为了什么？为了赚钱，还是为了自己融资？如果侧重于后者，民营企业家投资银行的风险不在贷款，而在于自己把资金卷走。

（2）民营企业家敢不敢“玩”银行？银行这种企业与其他企业不同，风险具有潜在性和非显现性，风险的随机性高。不懂金融的人，不敢随意“玩”银行。

（3）地方财力的担保能力如何？在地方财力有限的情况下，民营银行的风险最终只能由中国人民银行兜着，而中国人民银行出于安全的考虑，不能不充当“救世主”角色。所以，在超过存款保险制度范围和缺乏担保公司的条件下，民营银行的风险，只能由中国人民银行被动地化解。

参考文献：

［1］林章毅．绿色金融的创新与实践［J］．中国金融，2012（10）：61-63.

［2］王兆星．积极实施绿色金融战略［J］．中国金融，2012（10）：13-14.

［3］黄隽．银行业利润过高为哪般［J］．金融博览，2012（7）：9-11.

［4］曾康霖．关于金融监管问题的思考［J］．财经科学，2002（S2）：1-2.

［5］曾康霖．民营银行：敏感而需要讨论的金融热点话题［J］．财经论丛（浙江财经学院学报），2003（1）：48-51.

[6] 曾康霖. 理性看待商业银行利润 [N]. 经济日报, 2012-06-07 (7).

[7] 曾康霖, 吕晖蓉. 对我国金融热点问题的探讨 [J]. 西南金融, 2012 (9): 4-8.

[8] 曾康霖. 关注金融前沿 推动学科建设 [J]. 征信, 2015, 33 (11): 1-8.

第八章　后危机时代与国际货币分析

我们在后危机（指 2008 年国际金融危机）时代需要进行国际货币分析，要看到后危机时代国际经济、金融形势的变化。下面进一步分析这种变化。

一、全球的经济增速降低

进入 20 世纪 90 年代后，全球经济高速增长，这在很大程度上得益于美国的“新经济”和负债消费。美国家庭消费对本国经济的贡献度在 70%以上①。2008 年国际金融危机以后，美国家庭增加储蓄，减少消费，这种状况导致需求减少。美国经济总量占全球经济总量的 20%以上。所以，这种变化降低了全球经济增幅。

① 中国社会科学院“国际金融危机与经济学理论反思”课题组. 国际金融危机与国际贸易、国际金融秩序的发展方向［J］. 经济研究，2009，44（11）：47-54.

（一）贸易保护主义抬头

2008 年国际金融危机后，尽管在 G20 高峰会议、APEC（亚太经济合作组织）会议上，各国领导人都高调主张贸易自由，反对贸易壁垒，但说是说、做是做。因为各国都有自己的利益。2008 年后，西方国家反倾销、加关税主要是针对中国，其反倾销的案例 70%都是针对中国。美国商务部于 2009 年 11 月 24 日做出裁决，又对从中国进口油管及相关产品征收反补贴关税，最高达 15.78%。这表明，一些国家极力限制中国出口。美国也在致力于“经济转型”，前总统奥巴马于 2009 年 11 月 2 日声称，美国经济增长要靠出口推动，要靠制造业推动。但他能不能如愿以偿，要看美国经济的优势。美国经济的优势在第三产业，尤其是在服务业和高科技行业，如果限制高科技出口，那么怎样扩大第三产业的出口呢？所以其扩大出口是一厢情愿，保护自己、排挤别人才是实质。

（二）经济全球化的进程变慢

经济全球化的进程变慢的主要原因是全球的总需求缩减，世界经济的增速放慢，自由贸易额减少。当前发展中国家与发达国家的利益诉求不一致，发展中国家要开拓市场、发展经济、增加收入；而发达国家更注意环境保护，要搞低碳经济，对发展中国家施加压力。这样，双方就难以达成共识，难以制定规则。

从金融方面来说，会发生或已在发生以下变化：

(1) 国际储备货币多元化。多元化的含义：一是超主权货币，其中特别提款权受到国际关注；二是区域货币的发展，对美元形成挑战，许多国家很可能会减少美元储备；三是人民币区域化和国际化的进程加快。

(2) 金融的传统业务受到正视，新兴业务受到抑制，与之相应的是金融机构的结构调整，金融机构规模大、形成垄断不一定就好。在一些国家，大金融机构垄断金融市场的局面已有所改变。英国有三大银行，即汇丰银行、苏格兰皇家银行和莱斯银行。苏格兰皇家银行和莱斯银行把它们的分支机构交给政府，由政府出卖，以偿还政府负债。

(3) 金融监管加强，特别是加强对衍生金融工具的监管，和对金融机构运作的监管。金融监管不仅是风险识别、信用评级，而且包括对高管薪酬、杠杆率等的监管。金融监管加强，势必降低金融创新的步伐，削弱国际资本流动。

一个国家的货币，怎样才能成为国际货币？笔者结合欧元的状况，讲一点看法。2009 年世界的储备资产中，64%是美元，27%是欧元，4.1%是英镑，3.3%是日元，四种货币加起来共计 98.4%。

在对外贸易中，用美元结算的占 88%。

有的国家除本币流通外，也有外币流通，其中美元占到60%~70%。使用欧元的国家有20多个，绝大部分是欧盟成员。但也有欧盟成员未加入欧元体系的，如波兰和匈牙利由于自身货币的汇率大幅波动，想加入欧元体系，但欧洲央行和欧盟委员会采取拖延的态度。为什么？概括地说，就是这两个国家经济实力不足。但也有例外，南斯拉夫解体以后出现了黑山共和国，黑山共和国原来使用的是德国马克，它随着德国马克进入欧元体系而使用欧元。有人担心欧元会破裂，关键在于怎样稳定欧元的币值，谁来主导稳定欧元的币值？

特别提款权是20世纪60年代IMF（国际货币基金组织）创造的一种合成货币，它的价值由一揽子主要货币决定。最初特别提款权是作为国际货币的共享货币存在的，但这只是一种理想状态，因为没有任何国家的资产在背后撑腰，不少国家仅仅把它视为计算单位，用于IMF与成员国之间的交易核算。这就是说它实际上是不流通的，不能作为国际支付手段。

现在中国与不少国家签订了双边货币互换协议，自2023年12月以来，中国人民银行已经与6个国家的央行签订了折合6 500亿元人民币的双边货币互换协议，也就是向别国提供人民币，之后，这些国家可用人民币来进行贸易结算。这样做扩大了人民币的影响。别国愿意这样做，主要是看到中国有超过3万亿美元的外汇储备，人民币币值比较稳定。

一国货币的价值决定于两个因素：一是价格水平，二是利率水平。如果价格水平稳定，利率水平稳定，货币币值就稳定。价格关系着贸易及交易，利率关系着资本流动。如果这两个因素现时是稳定的，未来又是可预期的，则这个国家的货币会成为国际货币。美元成为国际货币有历史的原因，主要是第二次世界大战结束之初全世界黄金的2/3集中于美国，美元与黄金挂钩，使得美元有雄厚的经济基础。再者，美元作为国际货币是企业和投资者自由选择的结果。企业和投资者选择什么货币来计价、结算、储备，要考虑的因素有三：一是交易便利，二是网络效应，三是成本低廉。而这三个因素的成立，都要以币值稳定为前提。

历史的事实告诉人们，1968年以前美国的价格水平都是稳定的，与此同时利率水平也是相对稳定的。所以，可以说在1968年以前，世界上好多国家包括欧洲的多数国家，都选择美元作为国际货币。国际货币的作用之一是为大多数国家提供定价水平，即为汇率水平提供"名义锚点"。名义锚点，即在稳定币值中发挥着主导的中心货币的作用。例如，以美元作为"名义锚点"，则其他国家货币汇率便钉住美元。斯坦福大学经济学家罗纳德·麦金农指出："在20世纪五六十年代，欧洲各国间汇率的稳定也主要是通过按照布雷顿森林体系钉住美元的简单方法实现的。”① 但1971年布雷顿森林体系解体以后，以及20世纪70年代石油危机的发生，使20世纪七八十年代美国的价格水平不稳定，产生了通货膨胀。这样，欧洲一些国家开始放弃将美元作为国际货币，而倾向于使用德国马克。德国马克在一定时期，主要是20世纪80年代和90年代，成为欧洲各国确定汇率的“名义锚点”。

马克成为欧洲各国确定汇率的名义锚点，使德国的货币体系变得强劲，人们的交易和资产持有都偏好马克，马克成了“无风险的资产”。这样，其他欧洲国家的货币体系处于弱势地位。在这些国家，以本币计价买卖的金融产品风险较大，因为这些国家的利率波动较大，从而导致货币的供给、资金流动的不确定因素增多。这种状况，一直持续到欧元货币体系诞生以前。

麦金农提出：为什么欧元不能取代美元，成为国际货币？那是因为，“欧元的诞生发生在美国价格水平稳定、美元标准得到强化的时期。在这种情况下，一种刚刚出现在国际舞台的新货币，实在难以取代已经在世界货币体系中树立牢固中心地位的美元”②。麦金龙还说：

---

① 麦金农，张湄. 欧元 vs 美元：解决一个历史的难题［J］. 上海金融学院学报，2009（2）：5-6，27.

② 麦金农，张湄. 欧元 vs 美元：解决一个历史的难题［J］. 上海金融学院学报，2009（2）：5-6，27.

"美国在 20 世纪 90 年代显著地恢复了稳定的价格水平。同等重要的还有价格水平的预期也恢复了稳定，表现为目前美国金融市场的名义利率水平大大低于 20 世纪 70 年代和 20 世纪 80 年代水平。"① 这表明金融市场上名义利率的高低是衡量货币价格稳定与否的重要尺度。

二、如何看待转变经济增长方式对经济增长的影响

(一) 我国经济增长情况

(1) 人们通常说经济增长要靠三驾马车即投资、出口、内需，多年来我国经济增长主要靠什么拉动？有人说主要靠投资，有人说主要靠出口，这二者谁先谁后？从每个省（区、市）来说有一些差别，从全国来说恐怕主要是靠进出口，我国经济的对外依存度在 50% 以上。

(2) 这些年来，我国经济增长出现了一个循环：

出口增长→外汇储备增加

投资增长←流动性过剩

这样来看，我国能不能抑制出口，能不能减少顺

① 麦金农，张湄. 欧元 vs 美元：解决一个历史的难题 [J]. 上海金融学院学报，2009 (2)：5-6，27.

差？有人主张抑制出口，比如取消出口退税，打击假出口，取消结售汇制度等，这有点理想化。

①实际情况是：出口企业相当部分是外资企业，不是中国企业。

②不让企业出口，就会导致约3 000万人失业。

③外资看好中国市场，纷纷来华投资，利用中国廉价劳动力进行生产。

④中国出口的产品价廉物美，中国不卖给外国，外国就会到越南去买。

⑤跨国公司的兴起，改变了国际贸易的格局；加工业向劳动力成本低的地方转移；销售业向有市场潜力的地区转移。不是我国刻意追求顺差，而是顺差自然而然地出现。

（3）现在讲转变经济增长方式，其中有一项内容，即经济增长靠招商引资。有人说，招商引资，产品是开发了，但资源被破坏了；就业是增加了，但钱被别人赚走了。实际情况是：地方有利益冲动，地方会与中央博弈，地方会自主决策。外资要分享中国改革开放的成果，新加坡人公开说，此时不分享，更待何时？过去招商引资，我国采取优惠政策，如减免所得税；现在招商引资，需要廉价出卖资源。招商引资是为了什么？过去说缺资金、缺技术、缺管理，所谓以市场换技术，但核心技术没换来多少。实际情况是，珠江三角洲的制造业面临危机（涉及鞋、成衣、玩具、电子加工），土地、劳动力短缺，有时会出现油荒、电荒、民工荒，成本增加，发展受限，因此人民币一旦升值，出口产品便赚不到钱。再加上一些国家贸易保护主义抬头，我国制造业面临严峻挑战。

出路何在？一是搬迁，二是提高技术含量。据说广东的制鞋业企业，有25%（有五六千家）搬迁到东南亚地区及印度。另有25%的企业搬迁到内陆省份，如江西、湖南、河南等。

东莞制鞋业产量占全国的1/4，全球的1/10，东莞市厚街镇就有1 000多家企业搬迁。这能不能降低成本？这里有几个问题，配套设施怎么样，原材料能不能及时供应，技术水平能不能达标，交通运输方不方便，等等。据说东莞的企业到越南去建厂生产，原材料仍由东莞运过去，这个现象该怎么理解？劳动密集型行业向劳动力成本低的地方转移是一个规律，美国向日本转移，日本向“亚洲四小龙”转移，“亚洲四小龙”向中国境内转移，之后又向俄罗斯转移。在这种转移中，技术含量的提高及创新有限，要通过关注需求来调整发展方向，取长补短，以盈补亏。

（二）如何看待经济增长

（1）经济增长了，财富未增加。如何看待财富，怎样判断一个国家富不富有？这需要讨论。

（2）经济增长了，收入未增加。

（3）收入增加了，生活质量未得到提高。怎样看待生活质量，扩大内需为什么成效甚微？这需要讨论。

（4）经济增长了，科技含量未必提高。房地产能否成为支柱产业，需要讨论。

（5）有人提出经济增长与经济社会发展的问题。经济是可计量的，而发展的某些方面是不可计量的，发展包含增长，但增长不等于发展。发展包含的内容应有四项：经济、文化、政治、社会。

归根结底，发展更以人为本，以人为本关系着以下四个方面：

（1）关注需求，调整方向，服务创新，拓展业务。关注人气、信息，有了人气才有市场，有了信息才有创新。浙江有的地区没有资源，但形成了一个国际市场，如义乌（小商品）、海宁（皮革）等。现在讲总部经济、集团经济、经济聚焦，为什么？这些都与人气、信息相关。什么是消费？消费=价格+服务。劳动密集型产业的技术含量有限，要靠服务提高质量。而且劳动密集型产业更依靠人工技巧，人工技巧的形成非一朝一夕之功。劳动者难以转移，人工技巧也不容易转移。

（2）现在出现了“四无青年”：无就业（固定工作）、无工薪（收入）、无负担（家庭）、无理想（远大理想）。这些青年整日游手好闲，靠遗产过日子，或靠父母过日子等。其中，深圳一些农民把房子租出去，每月有两三万元的租金收入。这种现象值得关注。

（3）我们需要认识到，全球最大的负外部效应，会使人类失去信心，削弱信用；全球最大的正外部效应，会使人享受服务，提高生活质量。

（4）风险的存在是客观的，也是不可避免的。金融风险、金融危机可能由宏观调控引起（提高利率等）。金融风险是可转移的，金融风险的化解要靠以盈补亏、以丰补歉，财银互动，政策性业务与商业性业务互补。

（三）经济发展中的影响力问题

在经济发展中，能否形成一个有影响力的阶层，这对推动政治发展至关重要。其影响力体现在什么地方？体现在维持政府运行的经费，主要由这个阶层负担。政府使用该阶层的钱，就要按这个阶层的意图办事。换句话说，政府的运行规则要为这个阶层服务。这就叫经济基础决定上层建筑。

政治学研究者提出了几个概念："领主国家"——国家花的钱来自领主。税收国家——国家花的钱来自税收。预算国家——国家花的钱来自预算（财政统一，预算监督）。如果民众不知道政府的钱来自哪里，又花在哪里，就谈不上民主。

有人分析，一个国家缺乏民主法治，就是因为经济不发展，人们收入水平不高，缺少一个有影响力的经济阶层；反过来说，要完善民主法治，就必须发展经济，提高人们的收入水平，让社会形成一个中产阶层。在社会经济学的研究中，有研究提出人均收入达1 000美元，是社会的一个转折点，其中也包含着这个道理。

与这个问题相关的是，一个国家的民主法治状况受利益集团的影响。为此要考察这个国家存不存在利益集团，如果存在，利益集团有什么样的偏好、导向，为谁的利益服务？这体现在政府的行为、方针政策中。印度人拉詹写了一本书，叫《从资本家手中拯救资本主义》。在这本书中，所谓的“资本家”就是指自由市场经济。所以，所谓“从资本家手中拯救资本主义”，简言之就是要抑制、削弱那些既得利益者的权势，推动自由市场经济的发展。

既得利益集团与政府的组织问题有密切关系，即是依靠多数人的力量组织政府，还是依靠少数人的力量组织政府。民主选举实际上是依靠多数人的力量组织政府，但民主选举如果被人操纵，实际上就是依靠少数人的力量组织政府。

一个国家要提高人的素质，才能让法律制度、民主制度有效实施。有人提出三个概念，臣民、国民、公民。一个国家的统治者是要把自己国家的人变为臣民

——遵纪守法、服从听命、不能犯上作乱，还是变为国民——爱国兴邦，还是变为公民——注重公德？这是一个敏感而尖锐的问题，但又不能回避这个问题。

党的十九大提出，深入实施公民道德建设工程，推进社会公德、职业道德、家庭美德、个人品德建设。党的二十大提出，实施公民道德建设工程，弘扬中华传统美德。我国应推动社会主义民主法治建设，增强公民意识，为转变经济增长方式提供支撑，为经济与金融的发展提供助力。

三、关注和防范大国经济、金融互动带来的风险

我们关注金融业的发展，就需关注全球大经济体之间的金融互动。关于这一点，中美之间的互动是最突出、最典型的。曾经的某一段时间内，中美之间的金融互动集中地表现在货币资金的供给上。美国是中国最大的货币资金供给国，美元以各种方式流进中国，使得中国的外汇储备猛增，致使国内人民币的供给猛增；中国也是美国最大的货币资金供给国，在中国境内存在的美元，以购买美国国债及在中国境内的投资回报等方式流进美国，以维持美国经济的发展和社会的稳定。2010 年左右，中国是美国国债最大的买主，截至 2010 年 3 月，中国持有美国国债 8 952 亿美元，占美国发行国债的 23.04%（第二是日本，持有 7 849 亿美元，占 20.21%；

第三是英国，占7.18%）。这意味着中国借钱给美国用，但借出的钱并不是中国创造的货币，而是用自己的资源换来的货币。这种货币资金互为供给的背后，反映着经济的互动和循环。

过去的多年中，中美两大经济体“共生互补”，中国生产，美国消费；美国消费，印钞购买；中国储蓄，美国投资；美国投资，掠取回报。美国是中国最大的市场，中国是美国最大的供应商，在每年对美国的出口中占据首位。这样的“互生共补”从表面上看是中国赚了，但赚的是美国开的“欠条”（美元是信用货币，是美元供给者对美元持有者的负债）。一旦美元贬值，欠条的价值就要贬损。货币的贬值有利于债务人，不利于债权人，这个道理也反映在两国的债权债务关系上。所以，中美两个经济体的共同利益都在于稳定美元的对外价值，不使美元贬值。1971年8月15日，时任美国总统尼克松宣布美元不能兑换黄金后，美国就把稳定美元的价值的任务落到各相关国家的中央银行头上。但各相关国家有各自的利益，各有算盘。这样，美元稳不稳定，主要取决于美国货币当局对美元的供给和金融市场上对美元的供求。美元作为国际货币，别国对美元的需求取决于美国对美元的供给。美国供给其他国家的美元，大体通过两个途径：一是贸易，二是投资。当美国与这些国家的贸易保持逆差时，产生对这些国家的美元供给；这些国家吸纳美元投资致使以美元为载体的资金流进大于流出时，也产生对这些国家的美元供给。随着世界贸易的不断扩展和国际货币需求的日益增加，美元对国外的供给将会不断扩大，如果美国的国际收支持续出现顺差，则美元的供给将减少，这样就难以满足国际需求；相反，如果美国国际收支持续出现逆差，则又不利于美元的稳定。这样，以美元为主的国际货币体系就会陷入“两难困境”，即要满足美元作为国际货币的需要，保证国际货币的供给，美国的国际收支必须持续保持逆差，而国际收支持续保持逆差，又必然导致美元贬值，这就是“特里芬难题”。问题在于，随着经济全球化的深入发展，美元以惊人的速度扩张，美元的扩张范围由原来的贸易赤字演变为贸易和财政的双赤字，美元扩张的形式也从对外贸易逆差扩大为国内财政赤字猛增。这样便产生了新的“特里芬难题”，表现为：美国在构建庞大的金融帝国的同时，也在筑起巨大金融泡沫和对内对外的债务；美国在为全球贸易和投资提供国际流动性的同时，也在提供隐藏的巨大货币和信用风险。这对美国以外的国家来说，在参与经济全球化的同时，也承受着美元扩张带来的巨大风险。

还需要强调的是，在美元呈贬值趋势的同时，美国在海外的资产不断增值。美国在海外的资产主要是以当地货币计价的，而美国对外的负债则主要是以美元计价的。美元贬值会改变美国的债务负担，但美国的海外资产增值和投资收入的增加，却将大大增强美国的还债能力。从理论上讲，即使美元充分贬值，美国在海外的资产和投资收入的不断增长也能够完全抵消它的债务负担。在一些年份，美国经常项目逆差相当大，但当年的净国际投资头寸不增反降，就是这个道理。

随着改革开放的推进，我国的经济、金融的一些方面被外资控制，既涉及流通领域又涉及生产领域。一些外资进入中国市场后，控制中国市场，掌握中国的商业信息，钻中国法制不健全、管理不到位的空子，利用公开和隐形的手段损人利己。例如，全球有名的投资银行——某集团自 1994 年来在中国市场积极布局，控制中国的产业，误导政府和企业的经济决策，危害中国的经济安全。据报道，美国 GS 等外资集团通过并购农产品加工企业，进入中国农产品市场，GS 拥有双汇和雨润两家巨型肉类加工企业，以及成熟的销售渠道和品牌，并向上游养殖进军。以 GS 为代表的国际资本渗透的不仅是中国养殖业的整条产业链，更涉及中国农业上下游各个领域。另外，DYZ 集团注资天津宝迪集团，这样中国三大肉类加工企业均被外资染指。业内人士担心，继中国大豆与豆油沦陷后，生猪养殖与猪肉正在成为外资的盘中餐，由此引发的食品与粮食（集中于玉米）安全隐患不容忽视。又据报道，GS 通过参股控股进入中国房地产市场和证券市场，如“2005年底向21世纪中国不动产公司注资2 200万美元，成为该公司的第二大股东。2005年在上海以1.076亿美元的价格买下凯德置地有限公司的百腾大厦（商业写字楼）用于出租，成为当时上海成交价格最高的地产买卖，直接拉抬上海房地产的价格。2006年10月，GS以7 000万美元买下了上海虹桥花苑的酒店式公寓”。2004年12月，中国证监会批准GS与北京GH证券有限责任公司合资成立GSGH证券有限责任公司，恰逢其时地在一轮牛市开始之前介入中国证券市场。根据《外资参股证券公司的设立规则》（2002年颁布）的规定：境外股东持股比例或在外资参股证券公司中拥有的权益比例，累计不得超过1/3。GS名义上拥有合资公司33%的股份，GH拥有67%的股份。但是，GH是由GS借款1亿美元组建的。另一出资人GS的主要客户LX集团则只是扮演“掩护”角色。GSGH证券几乎100%是GS控股，是业内早已公开的秘密。这种状况表明，中国的房地产市场的暴涨与证券市场的大起大落不仅与涌入的热钱有关，而且与外资的操纵有关。外资对实体经济和虚拟经济的介入与操纵，不仅掠取了高额的回报，而且提高了他们的声誉，误导了中国的决策。2007年，GS的税前收入一半来自美国以外的地区，其中中国是GS收入增长最快的市场。我国企业要到海外上市融资，必须请外资中介机构提供咨询、审计、评级等，而GS由于在全球金融市场中的突出地位，在中国大型骨干企业走出去的过程中一直扮演着重要角色。更值得关注的是，GS还曾担任一些省政府的经济顾问，多次在中国政府的全球大型债务发售中担任顾问及主承销商。不仅如此，GS及其分析师针对中国宏微观经济不断发表报告与评论，试图影响相关部署决策。

面对这种情况，我国要防范金融风险，维护经济安全，必须：

（1）抑制美元的泛滥，稳定美元的价值。由美国次贷危机引发的国际金融危机之所以影响到全球，是因为美元的泛滥，而美元之所以泛滥主要是因为美国的货币政策。21世纪初，世界经济舞台发生了一件大事，即美国“新经济”的破灭。为了拯救美国经济，2000—2004年，美联储连续25次降息，联邦基金利率从6.5%降到1%。其中从2003年中期开始，联邦基金利率一直维持在1%的水平，时间长达一年之久，降息的结果是货币供给量大幅增加。从道理上说，货币供给量的大增会导致通货膨胀，但当时美国货币供给量大增没有导致通货膨胀，而是导致经济泡沫，其表现为房市和股市的持续上涨。而没有导致通货膨胀的主要原因，是美国从中国和其他国家大量进口廉价消费品。所以中国的多储蓄、少消费、多出口，不仅没有刺激美国发生金融危机，反而缓解了美国过多的货币供给，避免了通货膨胀。相反，美国制造了全球流动性过剩，不仅向出口国输出通货膨胀，而且还达到稀释负债的目的；此外，还带来货币的贬值，致使出口国的外汇储备随时面临汇率波动而遭受损失。事实上，从2002年起，美元开始了长达六年多的贬值，使别国持有的美国资产严重缩水。有资料揭示，2002—2006年，美国对外债务消失额累计达到3.58万亿美元。这产生了一个问题，美国怎么把多供给的货币收回去，且达到廉价使用的目的？实际情况是，美国大肆发债和推销金融衍生品，外国人购买美国国债和金融衍生品，不仅使美国人把过多供给的货币收回去了，而且自身承担了美国国债和金融衍生品的风险。换句话说，就是美国把风险转嫁给了购买人。所以，与其说境外的投资者把大量的资本投入美国，不如说美国人换了一种方式以另外一种符号（债和金融衍生品都是一种价值符号）去换取更多的美元供给。美元本来也是一种价值符号，以供给美元去进口商品，是价值符号与实体经济的交换；以增加发债和创造金融衍生品让外国人去买，是一种价值符号与另外一种价值符号的交换。这两种交换的不同点是：前一种交换增加美国的进口，抑制了通货膨胀，解决了美国人负债消费的难题；后一种交换收回了过多供给的美元，解决了美国政府财政赤字的难题，缓解了“特里芬难题”。但二者有个共同点，即都会使得其他国家及其他国家的投资者始终成为价值符号的债权人，捆绑在美国经济尤其是虚拟经济的“战车上”。所以，我们要从2008年国际金融危机中吸取经验教训，首先就是反对美国的经济霸权，而切入点是制约美元的供给，不能使美元泛滥。

（2）转变经济发展方式。我国应在继续保持出口增长的基础上进一步扩大进口，改变进出口贸易结构；在关注出口质量的同时，也应该考虑适当地增加进口；鼓励企业引进适当的技术设备，加大石油和矿产等战略物资的进口；有选择地引进各种有效资源，以达到资源的合理配置；提高资源能源先进技术、关键设备和高端服务进口对国内发展的支撑，以物资技术储备替代外汇储备，减少贸易顺差。

（3）转变“奖出限入”的出口导向政策。我国应调整出口退税政策，取消大多数产品的出口退税，对部分消耗型产品征收出口税，改变和引导出口贸易，保护国内的资源和环境。我国应形成内需与外需协调增长，拉动经济发展的新机制，改变经济增长对出口和外商直接投资的过度依赖。政策导向要转向构建公平竞争的机制，最终实现国际贸易稳定增长，外汇储备安全合理，国民经济健康发展。

（4）取消中央和地方有关规划中的进出口和外资引入量指标，减少甚至取消吸引外资的优惠政策措施，统

一中资和外资企业的所得税，使得国内国外的企业公平竞争，同时平抑外资的流入。

（5）发展和完善国内金融中介机构，提高它们的信誉和扩大它们的影响力，减少对外资金融中介机构的依赖。例如，我国应发展和完善国内信用评级机构，不能让信用评级由美国的三大评级机构（穆迪、标准普尔、惠誉）说了算，要让中国的信用评级机构对金融资产的定价有发言权。

四、我国在后危机时代防范金融风险的措施

在中国，金融机构大都认为风险可控。其理由是，为了降低风险水平，银行核心资本和附属资本不断增加，达到10%以上，同时银行拨备量也相应增大，覆盖面变广。

造成这种状况的原因：**一是大量地供给货币。**长期以来，我国经济发展靠房地产支撑，靠基建投资推动；增加货币供给，推动经济增长。**二是所谓的金融创新，**金融机构推出了不少产品，超常规地运作，甚至有所谓表外业务如影子银行等。这样的金融创新，无助于实体经济发展，而是“以钱炒钱”，导致高杠杆和经济泡沫化并存。

从思想根源上找原因：银行避免不了追求效益，这

可能会滋生急功近利的做法和短期行为。这样便形成高杠杆和产生经济泡沫，引发各种风险。

通常说金融形势不乐观，其表现有：一是不良资产增加；二是“以钱炒钱”盛行；三是信用道德缺失（近乎诈骗，一走了之）。

我们还需要找到缓解或扭转这种趋势的有效措施：

（1）控制货币量的供给。2015年我国货币供给量下降2个百分点，虽降了2个百分点，但绝对额仍然很大，因为基数大，货币替换品增多。

增加货币供给，是不得已的措施：半拉子工程，要靠新增货币供给来继续推进；僵尸企业，要靠新增货币供给来救助；还本付息，要靠新增货币供给来维持，利息高企也要靠新增货币供给来维系。说得形象一点，金融机构的这些运作是拆东墙，补西墙。

（2）加强金融监管，控制金融风险。

（3）增加投资渠道，让货币资金进入实体经济。

（4）增加对商业性金融机构的资本要求，以资本去约束资产，防范风险。

（5）加强对民间金融的监管。

（6）按规定核销呆账，在组织措施上，大型金融机构可增设普惠部、城市银行部、农村金融部、信托部、非银部、股份制商业银行部、政策性银行部、大型银行部、信托部、外资银行部。

五、黄奇帆先生对中国房地产的分析

后危机时代，我国经济、金融的发展形势与房地产状况密切相关。下面阐释黄奇帆先生对中国房地产做出的分析。

（一）宏观分析

（1）每 10 年国家要用掉 1 亿亩地，每年 1 000 亩地，国家用地包括：城市建设用地，道路、绿化、市政建设、农村建设用地，修水库、修高铁用地，工业用地，老百姓住房用地（一般占城市用地的 25%，但我国只占 10%）。

（2）改革开放的前 30 年中，国家耕地少了 3 亿亩，1980 年国家耕地 23 亿亩，到了 2010 年下降到 20 亿亩左右。

（3）地价涨，房价涨，买卖土地的方式是拍卖。20 世纪 90 年代初期，房地产业从香港学来拍卖，但拍卖把价格越拍越高，只有底线，没有上限。房价高，拆迁成本高（大体是 7 000 元每平方米）每户 100 平方米，拆迁就要补 70 万元。

（4）黄奇帆提出 1/6 理论。房租在家庭收入 1/6 以内，房价是家庭年收入的 6 倍，36 年收入的 1/6，能买一套房。城市搞房地产投资，是这个城市 GDP 的 1/6，如城市 GDP 为 1 000 亿元，则投资约 150 亿元。一个正常的城市，每年固定资产投资不要超过 GDP 的 60%，否则，不可持续。房子卖得多，基础设施没跟上，工商业没跟进，“鬼城”就出现了。

（5）2016 年 100 多亿元贷款，其中 30%与房地产有关，这是脱实向虚的主要组成部分。

（6）中央和地方的财政收入中，35%来自房地产。

（7）在美国和欧洲，商业性房屋的 50%左右用于销售，50%用于租赁。新加坡 80%都是公租房。而我国房屋租赁不到 10%，90%以上都是买卖。我国租赁市场有 3 个不足：第一，租赁者是弱势群体，没有谈判能力，出租房屋的个人或企业可以随心所欲地调整租金；第二，出租方可随意把房子收走；第三，租房住户不享有同等公民待遇，如子女不能在当地上小学。

（8）房价与收入比例失衡，一线城市房价相当于买房者 40 年的收入，二、三线城市房价相当于买房者 20 多年的收入，有纽约、伦敦市中心的房子一般只需买房者 10 年以内的收入。

（9）一个城市的人均住宅多少合适？大体上是 40 平方米，如 100 万人口，这个城市造 4 000 万平方米的住宅就够了。如果超出这个比例，住宅肯定过剩。

(二)微观分析

(1)城市土地供应，按一人100平方米算，100万人就供给100平方千米，1 000万人就供给1 000平方千米。土地跟着人口与产业走。二产、三产发达了，人口多了，城市就会增加土地供给。100平方千米怎么分配呢？不应是都拿去搞住宅。大体上应用55平方千米来搞基础设施建设，包括学校、医院、绿地建设；用20平方千米来搞工业，搞工业1平方千米可贡献100亿元产值，200平方千米可贡献2万亿元产值。剩下的25平方千米搞土地批租，商品房开发。

(2)开发商买土地的钱必须是自有资金，开发商对房地产投资有1∶3的理论，自有资金为1，社会融资为3，即总资产的25%必须是自有资金。房地产开发商的资金融通是1∶9。如果一个房地产商有几十个账户，总住房占融资的50%以上，肯定会出问题。此外，我国要管理好买房按揭贷款。在美国，不是所有商业银行都能办理按揭贷款，只有五家金融机构才能搞按揭。总之，对房地产商的金融约束，要守住底线，严格账户，管住按揭。

(3)税收：高端住宅要遏制，中端住宅要鼓励，低端住宅要保障。例如，5 000万元以上的别墅交5%的税，普通的住宅交1%的税，保障房交0.2%的税，实行差别化税率。

（三）房地产租赁的分析

（1）公租房对象，有农民工、学生、困难户。

（2）公租房要有配套设施，公共设施配置、道路配套、管理配套（派出所、居委会）。

（3）公租房不能有二房东赚外快。

（4）公租房不能形成贫民窟，应当形成商品房集贸区。

（5）公租房租金应当是商品房租金的50%~60%。

（6）房地产红火，是土地制度衍生的经济现象，有什么样的土地制度，就有什么样的房地产业态。如果给农村土地确权，使其可以自由流动买卖，必然导致大规模的土地弃荒；如果不给农村土地确权，土地处于流转承包状态，又可能导致失耕。

（7）应成立股份公司，让土地集中在股份公司名下，要解决股份能不能转让、如何继承、怎样分红等问题。

参考文献：

［1］中国社会科学院“国际金融危机与经济学理论反思”课题组．国际金融危机与国际贸易、国际金融秩

序的发展方向［J］. 经济研究，2009，44（11）：47-54.

［2］麦金农，张湄. 欧元 vs 美元：解决一个历史的难题［J］. 上海金融学院学报，2009（2）：5-6，27.

［3］曾康霖. CIT 与大而不到［J］. 中国金融，2009（23）：96.

［4］曾康霖. 关注和防范大国经济、金融互动带来的风险［J］. 高校理论战线，2011（1）：31-33.

第九章　金融要成为社会稳定和发展的保障系统

金融业的社会地位体现在金融业的功能上。金融业的功能与社会对金融的需求相关，社会公众通过对金融功能的需求，推动经济社会的进步和发展。

一个国家经济社会的进步和发展，必须建立两大系统：一是提高社会成员生活水平的保障系统，二是社会成员生命和财产安全的保障系统。从社会管理的角度来说，这两大系统主要由政府建立和实施。

对于前者，概括地说，在西方市场经济国家，主要有福利国家与非福利国家之分。福利国家（如北欧诸国）即已安排福利制度的国家，其功能为：缩小贫富差距，维护社会稳定；调节社会需求，推动经济发展；促进社会服务，缓解就业压力；扩大公民自由，体现团结互助。但我们必须看到，西方市场经济国家在建立、实施福利制度的同时，也面临着各种危机：在劳动力不断增加的同时，存在失业危机；在福利成本不断增大的同时，存在财政危机；在人口老龄化的同时，存在老龄化危机；在贫富差距不断扩大的同时，存在社会危机；在过分依赖社会和国家救助的同时，存在思想危机。这种状况表明，福利制度的建立和实施是一个国家经济社会进步和发展所必需的，但矛盾也是始终存在的。经济社会进步和发展中的矛盾，也存在于非福利国家。美国是发达的市场经济国家，但它不是实施福利制度的国家，美国没有实行全民医保。美国的医疗保险应当属于各州政府管辖的范围，但各州政府参与甚少，其主要理念是：政府不该大力接管医保，不应当把政府的职能“做大”。在自由主义价值观念的支配下，人们普遍认为，如果政府参与医疗保险，就干预了公民的自由。

我国自改革开放以后，在开放促改革的形势下，在一定程度上和一定范围内，借鉴了美国经验。近年来国内外的金融体系和金融功能正在发生变化，剖析金融的社会地位，我们应聚焦的问题是：金融是着力作为宏观调控体系的一部分来建设和发展，还是着力作为国民经济的一个服务体系来建设和发展。我国金融呈现出多功能的趋势，概括地说，金融有媒介服务的功能、信息服务的功能、代理服务的功能、保证服务的功能、保险服务的功能、商品载体的功能。我们应聚焦的问题是：优先建立和完善什么功能。

讨论这些问题，需要强调的是：现代金融要推动社会发展。社会发展包括经济发展，但不完全是经济发展。换句话说，经济发展不等于社会发展。社会发展包括其他内容，反映人类社会的进步和人们生活质量的提升。当代金融运作涵盖了整个社会，社会是一张资产负债表，社会的进步和发展在于求得这张资产负债表的平衡，社会的进步和发展也在于求得权利与义务的相互制衡。面对挑战，一国在金融体系建设和发展过程中，一定要正视当代金融与经济的关系正在发生变化的现实。

2017年5月，中国举办了首届“一带一路”高峰论坛，国家主席习近平在开幕式的主旨演讲中指出，“金融是现代经济的血液。血脉通，增长才有力。我们要建立稳定、可持续、风险可控的金融保障体系，创新投资和融资模式，推广政府和社会资本合作，建设多元化融资体系和多层次资本市场，发展普惠金融，完善金融服务网络”。这一段论述包括的含义是：要建立稳定、可持续、风险可控的金融保障体系。普惠金融应当是这样的金融保障体系的组成部分：在这样的金融保障体系内，要创新投资和融资模式，要维护政府和社会资本的合作，要建立多元化融资体系和多层次的资本市场；要发展普惠金融，完善金融服务网络。结合习近平总书记其他有关金融的讲话可知，习近平总书记所说的“金融保障体系”，也就是对经济增长的保障体系，“金融活，经济活；金融稳，经济稳”。这把金融与经济发展的关系定位为保障与被保障的关系，前者是因，后者是果。

这不是随便地定义金融与经济的因果关系，而是对金融发展状况的理论升华。此外，建设金融保障体系要有互联网思维，互联网思维的核心，就是要让信息取信于民，在金融体系建设中，有效地发挥“金融活，经济活；金融稳，经济稳”的保障作用。

建立和发展金融保障体系，必须从普惠和扶贫两个方面下功夫。对此，宏观方面，我们要防止通货膨胀和遏制资产泡沫；中观方面，我们要着力推动乡村振兴，巩固脱贫攻坚成果；微观方面，我们要建立和完善新的市场主体——社区银行。

1. 防止通货膨胀和遏制资产泡沫

从货币流通的角度来说，银行供给货币，是对社会再生产过程的货币的垫支，如果形成不良债权，则垫支的货币不能回流。货币不能回流，将使国民经济中的货币过多。货币过多会导致贬值，即通货膨胀，所以这部分过多的货币最终靠贬值去抵消，而这意味着由广大社会公众承担损失。这种状况，是人们不愿意看到的，当然这也不是化解银行不良资产的优选途径。但我们要看到，在市场经济条件下，物价上涨从而产生通货膨胀也是不可避免的趋势。这种趋势之所以不可避免，是因为它不仅受国内因素影响，而且在很大程度上受国际因素影响。有些发展中国家，为了动员和优化资源配置，不得不利用价格杠杆（包括适时适度地涨价）。所以，在市场经济条件下，在改革开放的过程中，通货膨胀与通货紧缩总会存在，我们要公开面对、科学处理。通货膨胀的实质是货币贬值，货币贬值会带来收入的再分配和资产价格的变化。在一定的情况下，这会使得一些人更富，另一些人更穷，贫富差距拉大。所以，公开面对、科学处理的重要内容，应当是缩小贫富差距。在这方面，银行应当有所作为。笔者以前提出建立“扶贫金融”的主张，期望“扶贫金融”能够成为银行化解不良资产的有效工具。

再者，银行是风险企业，总有不良资产存在，化解其中的不良资产是运营中的常态。每家银行从利润中提的“备付金”，是化解不良资产的物质准备。这即所谓的“抽肥济瘦”“以盈补亏”。这是经济学的常识，也是市场经济中经济规律的客观反映。

遏制资产泡沫，主要是指遏制股票资产和房地产资产的泡沫。它们都属于金融资产（用来“炒”的房地产资产，也是金融资产）。

金融资产价格受金融产品需求的影响，金融资产价格调节机制与实体经济也不同。实物产品的供求可以由生产和消费来调节，对于一种产品而言，即使没有什么吸引力，消费也会有一个最低的标准。实物产品的吸引力无论有多大，人们对它的消费也是有限的；并且企业能通过刺激生产调节供给，存货机制使它的价格变动受到限制。而金融产品没有类似的约束。从一种金融产品的供给来看，它的存量是有限的，从需求来看是无限的，只要在人们想象中有上涨的空间，它的价格就会不断攀升，人们就会对它趋之若鹜；当它没有吸引力时，就会被迅速地抛售，它的价格就会一泻千里。所以金融资产价格涨跌直接关系着人们财富的增减。金融资产的价格是由已交易的同类金融产品的交易价格标示的，金融资产作为财富的象征，它的交易价格的上涨或下跌会使持有者感到自己的财富缩小或增值，产生买进或卖出的动机。而一般的产品，它们价格的变化只会对潜在购买者产生影响，对已经持有该商品的所有者没有什么影响。金融资产价格的变化会迅速影响交易的规模，反过来，交易规模也带动着交易价格的变动，二者的相互作用也就引起了金融态势的转变。

不可否认，经济决定金融，金融反作用于经济，但在当代，我们也要认识到金融与经济的分离。认识它们的分离，就要承认金融的相对独立性，分析金融的相对独立性，这是为了更深层次地理解金融领域中的特殊现象，和把握金融领域中供求变动的运行规律，认识它在社会经济生活中的地位和作用，认识它为什么、怎么样形成虚拟经济。

实体金融能融通货币资金，调剂企业货币资金余缺，促进实体经济的发展。虚拟金融则能买卖金融商品

（以货币和有价证券为载体），有人会“以钱炒钱”从中牟取利益，虚拟金融尽管有弊端，但也是不可避免的。

防止通货膨胀，遏制金融资产泡沫，有两个经专家研究达成共识的观察指标：一是房地产的市场价格占家庭年收入的比重。一般来说，一家人（以三代五口之家为例）适用的住房相当于家庭年收入的4~6倍，在这个区间的房产（包括地产）价格是比较合理的，不存在泡沫。如果房产的价格超过了这个区间，则存在着泡沫，是不合理的。二是一只股票的市净率（price-to-book ratio，PB），市净率表明在每元股价中包含有多少净资产。不同行业上市公司的PB在不同的时期不尽相同。美国专家根据若干年研究的历史经验数据，认为银行业上市公司的股价相当于市净率的1.85倍是合理的，不存在泡沫。如果超过了这一区间，则存在着泡沫，是不合理的。

用这两个指标来观察房市、股市是否存在泡沫，有一定的价值。当然，时期不同，区域不同，形势不同，用这两个指标来观察，应当有一定的弹性。此外，在西方还有一个用巴菲特命名的“巴菲特指标”，即股市市值与GDP的比例关系：当指标小于75%时，市场处于低估水平；当指标处于75%~100%时，市场处于合理估值范围；当指标大于100%时，则投资者需要警惕市场调整，即要警惕市场泡沫。这一指标合不合理、适不适用，也是值得研究的。

笔者必须指出：尽管作用于通货膨胀和资产泡沫的因素有多种，但其主要的或决定性的因素是货币供给数量。许多年前，在财政政策和货币政策的推动下，我国国内的资金投入呈现惊人的增长，但这样的投入相当大一部分没有进入物质产品生产领域，没有形成资本，没有成为真正的生产力，而是增大了社会资金流动性，成为市场投机的手段。

2. 着力推动乡村振兴，巩固脱贫攻坚成果

我国脱贫攻坚战已取得全面胜利。全面脱贫的标准是“一达标、两不愁、三保障”，即农民有稳定的收入来源，不愁吃、不愁穿，义务教育、基本医疗、住房安全有保障。这样的标准，在我们看来是有区域性和时间性的，即在不同的区域、不同的时期，有其具体的质量和数量的规定性。由此，我们可以说，它是一个变量。特别是在当前的条件下，农民脱贫后还可能会受到疫情、汛情和旱情的影响，即要经受天灾、人祸的考验。由此，我们可以说它是一个不确定的量。在这种状况下，巩固脱贫攻坚成果，是重要的课题，也是当务之急。

习近平总书记在2020年3月6日的决战决胜脱贫攻坚座谈会上指出，“脱贫摘帽不是终点，而是新生活、

新奋斗的起点”，脱贫以后，“要针对主要矛盾的变化，理清工作思路，推动减贫战略和工作体系平稳转型，统筹纳入乡村振兴战略”。在我们看来，这是一项战略决策。它有利于实现局部性与全局性标准的体制结合，以及消除绝对贫困与相对贫困的长短机制结合。可以说，乡村振兴战略是巩固脱贫攻坚成果的基础和保障。

为推动乡村振兴，我们要注意把握三个方面：第一，乡村振兴的首要之义：引进乡村企业家。乡村振兴仅仅靠农民工返乡创业是不够的，必须引进振兴乡村的企业家，特别是具有爱心的民营企业家，他们具有造福一方的朴素情怀、紧跟国家战略部署的广阔眼光、长远谋划踏实做事的创业精神。第二，乡村振兴的压舱石：产业振兴。压舱石也是稳定器，稳定必须打基础，乡村振兴的基础是产业振兴。而要铸就乡村振兴的“压舱石”，就必须优化生产要素配置，培育发展新型的农业产业经营主体，建立线上线下的为农业服务的产业体系，明确乡村振兴是一项久久为功的系统工程。第三，实施乡村振兴的助推器：打造小镇。全国小镇建设兴起，各种小镇各具特色。这样的小镇，不仅各种生活服务设施完备，而且服务周全，商品交易成本较低。这样的小镇，非常注重生态保护和文化传承。我们认为，除了上述宜居、宜业、宜文、宜游的功能外，这类小镇还应当“宜成”“宜养”。所谓“宜成”，也就是这样的环境有利于人的成长、成才。所谓“宜养”，也就是这样的环境有利于人的健康，使人长寿。

实践出真知，经过 4 年多的检验，以上的认知仍然是有指导意义的。乡村振兴既然是巩固农村脱贫攻坚成果的基础和保障，则实施乡村振兴战略就要安置好农民，发展农业，建设农村，稳定地增加农民的收入。为此，我国要着力使农民就业。通常人们把就业依托在发展小微工商企业上。但要指出的是，小微工商企业是有生命周期的，一般 4~5 年，所以仅以这类企业来安置农民是有局限性的。我们认为，重要的是发展服务业，即第三产业，提高服务业的品牌和服务质量。服务业是安置农民的最优选择，也是把乡村振兴战略与维护农村脱贫攻坚成果结合起来的最佳途径。

3. 建立和完善新的市场主体——社区银行

社区银行（community bank）是来自美国等西方发达国家的概念。在特定的区域内，凡资产规模较小，主要为区内中小企业和居民家庭服务的地方性的小型商业银行，都可称为社区银行。在美国，社区银行的边界也不是完全清晰的，一般将资产总额小于 10 亿美元的小商业银行称为社区银行。社区银行有几个特点：①不仅资产的规模小，而且是一家独立的商业银行，分支机构少，一般为两个；②在区域内吸收货币资金，并把货币资金用于区域内，其业务活动不能跨区域开展；③一般不发放没有抵押物的贷款，同时为了保障竞争力，存款利率高于大银行，贷款利率低于大银行，服务收费低廉；④在该系统内，如在美国，有独立的社区银行协会（ICBA），在协会系统内成立存款保险制度。这 4 个特点中，第②和④是特别重要的。因为有这两个特点，它明显地区别于其他商业银行。

中国需不需要类似“社区银行”的小型地方性金融机构，主要向小微企业和居民提供服务，这值得讨论，且必须讨论。

我们长期以来的认知是：①中国社会经济的发展，需要分层次。既需要全国性的大银行，更需要地方性的小银行。地方政府不能把风险都集中转移给中央政府。②国内形成了不同的利益格局和利益群体，协调不同利益格局和利益群体间的差异，需要地方金融机构发挥作用。③地方政府要对所辖地区的社会公众负责。④我国金融业的布局应该是，大中城市集中，小城镇和农村分散。

银行业不能过度集中，还是要适当分散。因此，我们认为相当一部分城市商业银行的定位应当是区域性的地方银行。

实际情况是：我国已经建立起了若干家类似“社区银行”的小型银行：截至 2016 年 6 月末，民生银行持有牌照的社区支行达 1 605 家；截至 2016 年 10 月，兴业银行社区银行网点达1 080家；截至2015年末，持牌开业的平安银行社区银行达304家，其中119家管理各户资产超过1亿元，占比近40%。

从发展模式上看，我国社区银行主要有三种模式：一是民生银行的广布局、内容引入模式，这类社区银行被定位为投资咨询和客户服务，主要满足客户的线下咨询需求，并提供相对应的产品销售和电子化操作指引。二是兴业银行的微型网点模式，突出了布局的社区性，主要开在社区里面。三是平安银行的渠道、交叉营销模式，把社区银行发展成为多种金融产品的销售渠道和展示场所，提供线下的方便、快捷的用户购买体验①。

社区银行有定位、信息和地区三大优势。其中定位优势是指，社区银行的目标客户群是中小型企业（特别是小企业）和社区居民等，社区银行能够在准入、占领和保持巨大的中小企业和社区居民客户市场方面取得优势。信息优势是指，社区银行的员工通常十分熟悉本地市场，风险识别能力较强，这使社区银行在对中小企业的贷款中获得比大银行更大的安全空间。地区优势是指，社区银行主要将一个地区吸收的存款继续投入该地区，从而推动当地经济的发展，因此社区银行将比大银

---

① 王晓. 金融改革下的商业银行网点转型研究［J］. 现代金融，2018（8）：18-20.

行更能获得当地政府和居民的支持。

社区银行有这三大优势，因此权威部门和学术界主张大力有序发展社区银行，并把社区银行定性为“县域商业银行”，意思是以县为单位，将县城金融机构（包括信用合作社）调整为独立的“县域商业银行”，履行“社区银行”的职能。

社区银行应当具有哪些职能？我们认为，一方面，按现代银行职能变迁，社区银行应当具有以下职能：①提供货币收支的结算服务，以提高经济效益；②提供客户信用记录服务，保障良好的工作运行秩序；③提供客户收入信息服务，保证政府财政收入；④提供保密制度，保障财产安全。另一方面，结合发展中国家的实际，社区银行应当具有“缩差共富”的职能。

参考文献：

[1] 王晓．金融改革下的商业银行网点转型研究[J]．现代金融，2018（8）：18-20.

[2] 曾康霖．试论金融与社会发展的关系及其制度安排[J]．征信，2019，37（11）：1-8.

[3] 曾康霖，罗晶．金融要成为社会稳定和发展的保障系统：五为中国金融立论[J]．征信，2021，39（12）：1-11.

[4] 曾康霖. 银行不良资产发生和化解的学理分析 [J]. 征信，2016，34（8）：1-8.

[5] 曾康霖. 三论普惠金融 [J]. 征信，2017，35（7）：1-7.

第十章　建设有中国特色的金融学科体系

“在中国，要建设有特色有创新的金融学科体系！”这是笔者从教六十载，根据时代变化而发出的呼吁。笔者希望建设具有中国特色的金融学科体系，为中国金融创新奠定基础。

一、改革开放以来，我国金融学科的建设与其他经济学科建设一样，有明显的转向

笔者认为，改革开放以来，我国金融学科的建设呈现为“三个转向”：逐步从批判金融学转向建设金融学，从诠释金融学转向研究金融学，从理论金融学转向应用金融学。我们必须解放思想，实事求是，团结一致向前看。金融学界逐步认识到，金融学蕴藏的精神是人文精神的一部分，既有特殊性，更有一般性。

对于“三个转向”，笔者认为，金融研究领域存在的对策性研究较多，彰显理论特别是基础理论的研究较

少；对西方发达国家金融问题的研究较多，对发展中国家金融问题的研究较少；应时的研究、事后的研究较多，前瞻性的研究、事前的研究较少；适应政府部门需求的研究较多，满足企业和一般老百姓需求的研究较少；在研究的思维方式和方法上，定性研究较多，定量研究较少；基于宏观角度的研究较多，基于微观角度特别是"见微知著"的研究较少；就金融论金融的研究较多，跨学科的综合研究较少。这几多几少表明，改革开放以来，我国的金融学研究取得了长足的发展、可喜的成果，对推动中国改革开放和社会主义事业的建设，以及金融学科的建设和发展起到了重大作用。但笔者曾说过："与时代的进步相比，与科学技术的发展相比，与伟大的实践相比，与我们的事业需要相比，金融学科建设方面还存在着空缺，还需要付出艰苦的劳动，还要继续探索。"

在人们通常的认知中，金融属于经济范畴。笔者则认为，金融事业的发展、金融学科的建设，离不开中华优秀传统文化的激励和制约。

史学界认为，儒家文化是中华传统文化的主流。儒家文化倡导"修身、齐家、治国、平天下"，强调做人要以德为中心，以诚信为本，要求人们"厚德载物""格物致知"。"厚德载物"意味着人的担当，而要敢于担当，就要认知客观事物，即"格物致知"。笔者认为，儒家文化中的诚信为本、“厚德载物”、“格物致知”都可以映射到金融领域，如人与人之间的金融关系以诚信为基础。中华文化灿烂多姿、博大精深、源远流长，这是金融事业发展和金融学科建设的根基。

中国经济学人要把握住这样的文化根基来推动金融学科的发展，要在这样的文化根基上推动中国金融学科建设。

科技在发展，时代在进步，金融业在社会经济生活中的定位、作用、结构及运行规律已发生巨大变化。其传导机制、运作程序、操作技巧，使不少人特别是局外人眼花缭乱。笔者认为，金融学作为一门学科，业内人士至少要关注以下现象：①在当代，金融业作为国民经济的第三产业，其产出在经济总量的构成中占有相当大的比例，在一些发达国家甚至占了绝大部分；②在当代，人们的价值观正在发生变化，什么是财富？能够被更多人接受的观点是，财富已经超出了物质资料和产品的范围，金融商品作为一种代表财富的资产，已经是财富的组成部分；③在当代，市场作为商品交易的体系更加多元化，金融商品交易占据了相当大的份额，在国际市场体系中，金融商品的交易量已经大大超过了实物商品的交易量；④在当代，人们的需求也在发生变化，居民的生活消费超出了吃、穿、用、住、行，居民需要精神支柱，而企业家追求更多的社会价值，金融业在居民的生活和企业家的经营管理中，不仅起着货币结算和融通资金的作用，而且起着提供信息、保障信用、维系秩序的作用。所有这些表明，我们对金融业在人类社会经济生活中的地位和作用要重新认识和评价。作为认识和评价金融业地位和作用的金融学，自然需要建立自己的学科体系。金融需要创新，但金融创新绝对不能脱离中华民族的文化根基。

金融学科建设如何与大国地位相称？笔者认为，中国作为一个大国，在促进金融、经济发展，推动人类社会进步，以及维护世界和平稳定方面，责无旁贷。这在金融领域集中表现为，中国在建立和健全国际金融组织，推动国际货币资本正常流动，配置资源以防范金融风险等方面，都要有自己的主张、方案、措施和发言权。这不仅需要政策设计，而且必须进行学科建设。学科建设的重要任务之一是提供前瞻认知，辅助相关方做出超前决策。可现阶段，结合中国实际的研究不够多，缺乏具有前瞻性和战略性的研究。这并非中国人不聪明，而是因为存在急功近利的现象。此外，在金融研究中，横向思维较多并得到褒奖，纵向思维较少并被忽略。笔者认为，金融学科建设要传承中华优秀传统文化，要与大国地位相称。

作为耕耘在教学一线的教师，笔者曾特别指出两点：一是学科建设必须尊重知识、尊重人才、尊重创造，二是学科建设必须有一个宽松的学术环境。只有尊重知识、尊重人才、尊重创造，才能多元包容，交流互鉴；只有多元包容，交流互鉴，学科才能繁荣发展。学术讨论不仅应基于良好的经济态势，而且要有宽松的学术环境。只有宽松的环境，才能解放思想；只有解放思想，才能百花齐放、百家争鸣。

要建设具有中国特色的金融学科体系，就要从中国实际出发。金融是现代经济的核心，金融实力是一个国家重要的核心竞争力。从中国实际出发，什么是中国金融，这是一个前沿的课题，业内人士研究甚少，没有权威的文献可循。笔者认为，中国金融是大国金融、社会主义金融、发展中的金融。“大国金融主要体现为：扶贫金融是大国金融的组成部分，农村金融制度建设始终是大国金融的重头戏，大国要特别关注货币政策效力的区域差异，地区间资金流动是大国金融的关注点，聚焦国际金融资源配置是大国金融的担当。”对此，笔者曾撰写了《大国金融及其特色——为中国金融立论》一文，发表在教育部主管的、教育部高等学校社会科学发展研究中心主办的《中国高校社会科学》期刊上。

该文指出，“农村金融制度建设始终是大国金融的重头戏”，并分析了农民有多大的金融需求。从狭义来说，农民缺钱消费，需要借钱来支撑，这严格来讲不是金融需求，或者说只是狭义的金融需求。广义的金融需求的产生，一是要有经济基础，二是要有金融意识，二者缺一不可。如果这样的认知成立，则只有那些富裕或者较富裕的农村才有产生金融需求的条件，比如农产品集中加工、运输、销售的地区，“公司+农户”的地区，需要科技投入进行农业开发的地区等。但是笔者认为，测量农民金融需求大小的条件，不仅要看农民是否需要借钱，而且要看农民是否会花钱。就一个家庭来说，其金融意识主要看其对利息的敏感度。利息变动对家庭流动性资产的作用大，说明该家庭的金融意识强。

文化是人类社会生活的一种综合性积淀，具有民族性、地域性和传承性。金融事业发展、金融学科建设离不开传统文化。文化赋予金融学科以灵魂，能增强金融学科对本国金融实践的解释力。中华优秀传统文化博大精深，源远流长。具体到金融学科建设和金融领域，人与人之间的金融关系要以诚信为基础，“厚德载物”“格物致知”等理念也是金融事业发展和金融学科建设的根基。中国金融领域的学者应把握住这样的根基，传承中华优秀传统文化，同时把这样的文化根基作为金融学科建设的指导思想，推动中国金融学科建设。在这里需要提出来的是《百年中国金融思想学说史》（三大卷，计 300 万字）的出版。这套书的主编说：“触动我们编著这部属于中国人自己的金融思想学说史的动因就是：为了彰显中国人在推动经济发展和社会进步中所展现的金融智慧，为了展示业内人士在推动金融事业和金融学科发展方面所作出的贡献；为了能使后人了解和把握前人在金融领域中想了些什么、说了些什么、做了些什么，也是为了给后人留下一份值得学习、思考、参照的精神财富。这套书的出版问世，就是为了让金融思想学说史在中国的存在和发展不致‘断档’，就是为了在考察金融学说在世界各国的存在和发展时，中国不致‘空白’。所以，《百年中国金融思想学说史》不只是向国内人士展示在这个领域发展中前人的所想、所为，而且能够在世界面前展示中国人在这一领域的睿智。”

二、文化、宗教与金融事业发展

经济决定金融，其中包含着经济发展为金融业发展创造条件或奠定基础的含义。多年来，在一些文章甚至教科书中，都是按这样的逻辑阐述经济与金融的关系的。但历史的事实告诉人们，这样的逻辑关系只有在一定的条件下才是成立的，因为影响金融事业发展的条件不仅是经济，还有人们的金融意识。而人们的金融意识不仅受社会制度变迁的影响，而且受文化传统、宗教信仰等上层建筑的激励和制约。

本节在讨论一个地区影响金融事业发展的主要因素的同时，试图着力论述文化传统、宗教信仰对金融事业发展的激励和制约，与广大读者共同探讨。

一个地区金融事业的发展主要取决于资产的流动性和人们的金融意识。地区金融业的发展和地区金融机构的展业，也与这两个要素密切相关。也就是说，要充实和发展一个地区居民的流动性资产；要输入和提高该地区居民的金融意识，特别是讲信用、谋发展的意识。这样，该地区金融事业的发展就有了经济基础和思想基础。

此外，文化、宗教对金融业的发展也有影响，这主要反映在企业和人们的行为中。

一个国家或地区金融事业的发展以及金融学科的建设，会受传统文化的影响和制约。中国传统文化丰富多彩、源远流长。按史学界的观点：儒家文化是中国传统文化的主流。儒家的经典名句有“修身、齐家、治国、平天下”①；“故制礼义以分之，以养人之欲，给人之求，使欲必不穷乎物，物必不屈于欲。两者相持而长，是礼之所起也”②；“德者本也，财者末也。外本内末，争民施夺，是故财聚则民散，财散则民聚”，“有德此有

① 礼记［M］. 李慧玲，吕友仁，注译. 郑州：中州古籍出版社，2010：369-370.

② 王森.《荀子》白话今译［M］. 北京：中国书店，1992：229，237-238.

人，有人此有土，有土此有财，有财此有用”[①]；“不患寡而患不均，不患贫而患不安”[②]。此外，儒家治国平天下的经典论述中，还有孔子的“九经”之说[③]，“九经”也就是治国平天下的九大纲领。但在九大纲领中，修身仍是第一位的，不仅老百姓要修身，国君、天子也要修身。修身要先正其心，诚其意，致其知，而“致知在格物”，格物是修身之本。所谓“格物致知”，简明地说就是“推究事物的原理法则而总结为理性知识”[④]。使全世界的人“明明德”则天下太平，使一个国家的人“明明德”则国治，使一个家庭的人“明明德”则家齐，使个人“明明德”则身修。总之，格物致知是为了“明明德”，所以儒家的文化传统以德为中心。怎样将以德为中心的传统文化精粹引入经济（包括金融）学的研究呢？这是一个具有挑战性的课题。这里仅指出两点：第一，从传统文化要人们讲诚信的角度说，这是支撑金融事业发展、金融学科建设的道德理念层面的正能量；第二，从传统文化要人们“格物致知”的角度讲，这是

---

① 礼记［M］. 李慧玲，吕友仁，注译. 郑州：中州古籍出版社，2010：379-382.

② 杨伯峻. 论语译注［M］. 北京：中华书局，1980：172-173.

③ 礼记［M］. 李慧玲，吕友仁，注译. 郑州：中州古籍出版社，2010：262-263.

④ 中国社会科学院语言研究所编辑室. 现代汉语词典［M］. 北京：商务印书馆，2001：424.

支撑金融事业发展、金融学科建设的科学方法层面的正能量。

著名经济、金融学家，中国人民大学教授黄达早在2001年就指出："任何人文社会科学都摆脱不了本民族的文化根基。就金融学科来说，东西方的金融学科，也同样是分别根植于东西方文化平台上的。当然，金融理论的基本原理是导源于市场经济的本质，并从而有其不分国界、不分民族的普遍意义，但共同规律在不同文化平台上的显示，却绝非必然雷同。"① 黄达教授主张"将东方文化精粹引入经济学研究"，并认为："当今，统治世界的现代经济学是在西方文化的基础上发展起来的。西方文化的锐意进取精神给我们印象深刻；但经常处于传统思维和认知的惯性之中，也会滋生固守和片面。如果我们中国学人把东方文化的精髓，作为哲理性的指导思想，引进现代经济学，是不是有助于推动经济学跨上一个新的高度，进入一个新的境界？"② 黄达教授的主张，堪称真知灼见。诚如著名哲学家贺麟先生所言："文化乃人类的公产，为人人所取之不尽用之不竭的宝藏，不能以狭义的国家作本位，应该以道，以精神

① 黄达，王广谦，张亦春，等. 21世纪中国金融学教学改革与发展战略［J］. 财贸经济，2001（11）：5-6.

② 黄达. 将东方文化精粹引入经济学研究［J］. 金融博览，2014（1）：84-85.

或理性作本位……不管时间之或古或今，不管地域之或中或西，只要一种文化能够启发我们的性灵，扩充我们的人格，发扬民族精神，就是我们所需要的文化。我们不需狭义的西洋文化，亦不要狭义的中国文化。我们需要文化的自身。我们需要真实无妄有体有用的活文化真文化。”① 当代中国学人，需要将东方文化的精髓作为哲理性的指导思想，推动中国经济学建设跨上一个新的台阶。与此同时，我们也要反思中国的传统文化给中国学人推动经济学统一和给货币流通带来的困难，以及一些传统观念导致金融机构无法形成范围经济和规模经济的状况。历史上的商品交易关系，依赖的是个人信任，缺乏法律保护。既然债权债务关系得不到法律保护，钱庄、票号就难以转变为银行。企业不注重积累，且规模较小，资金余缺主要通过同业、家族、民间借贷调剂，不需要银行。钱庄、票号主要服务于政府的财政收支、官银汇兑，与广大的企业、居民存在距离。居民缺少金融意识，学人也缺乏用理论去推动金融发展的意识。这表明经济虽然是金融的基础，但不等于经济发展了，金融就会相应发展。金融的发展，必须由金融意识和理论去推动，而一个社会的金融意识和理论受这个社会传统

① 张学智. 贺麟选集［M］. 长春：吉林人民出版社，2005：122-124.

文化的影响。“文化是一种无形的生产性资产，但是，如果面对变革时仍抱残守缺，传统文化也会变成负债”①。

宗教作用于人们的人生感悟和价值观。中国本土的宗教是道教，但汉朝时佛教从印度传入中国后，对中国人的宗教信仰、哲学观念、文学艺术、礼仪习俗等产生了深刻影响。之后，伊斯兰教和基督教也传入中国，一部分人信仰伊斯兰教和基督教，使中国的宗教文化融合发展。

佛教、伊斯兰教和基督教是世界三大宗教。三大宗教对经济、金融的影响，首先，在于它们有特定的财富观。例如，佛教对财富的看法既有毒蛇之喻，也有净财之说。毒蛇之喻包括三层含义：一是采取不正当手段获得财富；二是不能正确地使用、支配财富；三是不鼓励执着追求财富。净财之说也包括三层含义：一是采取正当手段谋取财富；二是合理使用财富，不仅用于自己的生活而且要造福社会；三是不要把财富视若神明来膜拜。伊斯兰教认为，人世间的一切财富皆为安拉所有，同时世人有权取得、占有和利用安拉所赐的财富。人们在不违背伊斯兰教教义和道德规范的前提下，可以积极

① 柯武刚，史漫飞. 制度经济学：社会秩序与公共政策［M］. 韩朝华，译. 北京：商务印书馆，2000：200.

参与经济活动，要诚实劳动、公平交换、合理消费。基督教认为：财富和金钱本身不是罪恶，它只是一个工具，可以用它来帮助人，做好事；也可以用它来犯罪作恶。罪恶是来自贪恋钱财、崇拜金钱，以为“钱能通神”的心。基督教主张，人们要靠诚实的劳动、合法的经营取得金钱和财富，再用于帮助别人，不能靠欺诈和贪污取得不义之财。

三大宗教的财富观有相同的地方，如要正当地、诚实地获取财富，合理地消费财富，富人要帮助穷人等，但也有一些区别。

其次，三大宗教对经济、金融的影响，在于它们的价值观。宗教的价值观集中体现在怎样看待客观世界，怎样看待人的欲望和行为两个方面。这两个方面，佛教与基督教有比较明显的差异。佛教认为，客观世界“一切皆空”，所谓“色即是空，空即是色”，不仅山川万物是空的，连佛教中的“菩提”“明镜”等也是空的。而基督教则认为客观世界是实的，是上帝创造一切。在佛教的境界里，因为人有欲望，所以人生充满着苦难，只有消除了人的欲望，苦难才有解脱的可能，而解脱苦难的途径就是“修行”“顿悟”。在基督教的境界里，人天生就活在罪恶中，只有靠上帝来保护、管理才能消减罪恶。

在这样的财富观、价值观的影响下，我们可以把宗教对金融的影响概括为三个主要方面：一是通过作用于人们价值观的形成而对金融业的发展产生影响。不同文化背景和宗教信仰的人有不同的价值观。例如，关于财产权人的权利，在不同宗教里就有不同的价值标准。二是通过作用于制度的形成和发展对金融业产生影响。这集中体现在怎样确立人们的权利和义务中：大陆法系对个人行为定出准则，要每个人遵守；普通法系不主张对个人行为定出准则，要每个人遵守，它认为不应当给予个人以更多的权力，以避免腐败，而应当赋予个人更多的责任。这与大陆法系和普通法系受不同的宗教影响有关。三是通过作用于资源配置，对金融发展产生影响。不同的文化背景对资源配置的导向不同。值得思考的是：阿拉伯世界（4亿多人口，22个阿拉伯国家）为什么不太注重引进外资，所吸引的外资在全球中的占比不高。这有其政治、经济和思想观念上的原因。

“儒、释、道三教是中国传统文化的三大支柱”“三教交互融摄，构成唐宋以来中国近一千多年的文化总体。”在中国，考察宗教对经济、金融的影响，应当主要考察道教、佛教和儒教的影响。简单地说，道教主张遵道共生、天人合一，追求长生不老，修成正果；佛教宣扬因果报应，让人修来世；儒教强调以修身养性为先。这些理念可能使人们的思想、观念、行为封闭在固有的模式中，对客观世界妥协。儒、释、道三教所追求的目标与物质生活关联不太紧密，对推动经济发展的帮助有限。在我国历史上，曾经有过一些受道教、佛教和儒教影响较深的人办企业，他们不注重积累，赚了钱主要作为红利分掉；持家不注重将储蓄转化为投资，乐善好施，为的是修来世。这是宗教对中国金融事业发展产生影响的生动写照。至于宗教对中国金融学科建设的影响，尚需进一步考察。

三、培养认知和应对金融风险的逻辑思维

要建设具有中国特色的金融学科体系，就要重视防范金融风险，培养金融学科相关学者及广大师生认知和应对金融风险的逻辑思维。

我国金融领域的主要风险有：

（一）货币不断增发、投资渠道狭窄导致的“以钱炒钱”的风险

其传递的逻辑是：

（1）经济发展靠增发货币推动。

（2）实体经济需要的货币资金是有限的。

（3）大量的货币资金要保值、增值，但投资渠道狭窄。

（4）投资渠道狭窄，推动着“以钱炒钱”。

(5)“以钱炒钱”的后果，是抬高整个社会的融资成本，易发生“庞氏骗局”。

(二) 传统金融体系的风险与新兴金融体系的风险相互掩盖、交错发生

传统金融体系一般包括银行、保险、证券、信托。它们存在的风险主要是信用风险，如放了款收不回来，造成大量的呆账损失。新兴金融体系主要是指金融产品创新，以及互联网金融等。它们的风险集中表现为信息不透明，发生了损失，受损者不知向谁讨债。

在这里，特别要关注互联网金融。互联网金融最大的优势是效率高（有的人说是成本低），它的主要问题是信息不透明：互联网金融有线上操作和线下操作。线上操作，集中在资金运用上；线下操作，集中在资金来源上。例如曾经风靡一时的 P2P（互联网金融点对点借贷平台），P2P 的资金来自何方，是什么性质的钱？P2P 的资金用来干什么了？这里面有很多不清楚的地方。这样就为洗钱创造了条件，为贪污腐败创造了温床。互联网金融不仅要建立在法治的基础上，而且要建立在诚信的基础上。在民众法治观念较淡薄、社会诚信有一定缺失的状况下，不宜大面积地发展互联网金融。

可能发生的情况是：传统金融体系掩盖了新兴金融体系的风险，新兴金融体系的风险通过传统金融体系集

中释放。因此我们要厘清传统金融体系和新兴金融体系的关系，制定相应的法律法规，避免二者的风险交错发生。

（三）人民币国际化进程加快可能带来的风险

目前，部分国家把人民币作为结算货币甚至储备货币，好几个国家与中国签订了货币互换协议。在这种状况下，人民币的升值、贬值，关系到资本的流动，难以被中国左右。

我们要密切关注人民币国际化进程加快带来的风险，以及投机带来的风险，货币贬值带来的风险。

2014 年以来俄罗斯卢布贬值的问题，值得我们警惕。

俄罗斯货币贬值与西方发达国家制裁俄罗斯相关。制裁俄罗斯的手段，一是打压其进出口，二是遏制其货币资本流动。俄罗斯是石油、天然气出口大国，为了打压俄罗斯的石油、天然气出口，美国与沙特阿拉伯等联合起来降低油价，2014 年时每桶原油的价格一度不到 80 美元。石油价格下跌，卢布贬值，大大减少了俄罗斯的财政收入。

石油、天然气价格下降与卢布贬值是什么关系呢？要知道，全球大宗商品交易大多以美元计价估算，美元升值，大宗商品价格便降低。同时，石油、美元、黄金的价格关联度很强，美元价格（汇率）上涨，石油、黄金价格便下跌；反之，则上涨。所以，美联储改变量化宽松的货币政策，使美元升值，石油价格便会下跌①。

这件事告诉我们：引起币值变动的因素，不仅有货币政策的因素，而且有大宗商品交易的因素。

一国货币贬值，带来的主要后果有：通货膨胀，资金外逃，外汇储备受到冲击，境外募集资金困难且成本增加。

另一个例子，2006 年以来，委内瑞拉获得 500 亿美元石油贷款，每天向中国运送 30 万桶原油以偿还借款。可后来委内瑞拉违约了，每天无法输出 30 万桶石油了，委内瑞拉要求将还款期限延长，延长到多久，不确定。是什么原因造成这种状况？油价下跌，要是不延期还款，委内瑞拉就要拿出更多的石油抵债。

以上事例提醒我们，要密切关注并防范人民币国际化进程加快可能带来的风险。

我们要理解各种金融风险背后的逻辑，培养金融学科相关人员认知和应对金融风险的能力，把金融风险防范贯穿到具有中国特色金融学科体系的建设中。

---

① 中国能源网. 国际油价持续下跌原因分析［J］. 交通节能与环保，2014，10（6）：6-13.

参考文献：

[1] 曾康霖. 金融学研究：在转向中明确方向[N]. 人民日报，2015-03-02（19）.

[2] 李光磊，安仁. 彰显百年中国金融思想光辉：访《百年中国金融思想学说史》主编曾康霖[J]. 金融时报，2016-05-06（10）.

[3] 曾康霖. 试论文化、宗教与金融事业发展[J]. 征信，2014，32（7）：1-6.

[4] 曾康霖. 关注金融前沿 推动学科建设[J]. 征信，2015，33（11）：1-8.

[5] 曾康霖，虞群娥. 当代金融业的定位与发展[J]. 金融理论与实践，2001（5）：4-6.

[6] 曾康霖. 大国金融及其特色：为中国金融立论[J]. 中国高校社会科学，2019（3）：19-34，157.

[7] 曾康霖. 推进农村金融改革中值得思考的几个问题[J]. 财经科学，2006（12）：84-88.

[8] 曾康霖，吴晓灵，白钦先，等. 海纳百川 雪峰千仞：庆祝黄达教授九十华诞笔会[J]. 金融研究，2015（7）：1-6.

[9] 礼记[M]. 李慧玲，吕友仁，注译. 郑州：中州古籍出版社，2010.

[10] 王森.《荀子》白话今译[M]. 北京：中国

书店，1992.

[11] 杨伯峻. 论语译注 [M]. 北京：中华书局，1980.

[12] 中国社会科学院语言研究所编辑室. 现代汉语词典 [M]. 北京：商务印书馆，2001.

[13] 黄达，王广谦，张亦春，等. 21世纪中国金融学教学改革与发展战略 [J]. 财贸经济，2001 (11)：5-6.

[14] 黄达. 将东方文化精粹引入经济学研究 [J]. 金融博览，2014 (1)：84-85.

[15] 张学智. 贺麟选集 [M]. 长春：吉林人民出版社，2005.

[16] 柯武刚，史漫飞. 制度经济学：社会秩序与公共政策 [M]. 韩朝华，译. 北京：商务印书馆，2000.

[17] 中国能源网. 国际油价持续下跌原因分析 [J]. 交通节能与环保，2014，10 (6)：6-13.